仙锋正传
凯里·欧文
KYRIE IRVING

冯逸明 / 主编

台海出版社

图书在版编目 (CIP) 数据

仙锋正传：凯里·欧文 / 冯逸明主编 . -- 北京：
台海出版社，2024.8. -- ISBN 978-7-5168-3952-2
I.K837.125.47
中国国家版本馆 CIP 数据核字第 2024HJ6914 号

仙锋正传：凯里·欧文

主　　编：冯逸明

责任编辑：员晓博　　　　　　　　封面设计：冯逸明　　牛　涛

出版发行：台海出版社
地　　址：北京市东城区景山东街 20 号　邮政编码：100009
电　　话：010-64041652（发行，邮购）
传　　真：010-84045799（总编室）
网　　址：www.taimeng.org.cn/thcbs/default.htm
E — mail：thcbs@126.com

经　　销：全国各地新华书店
印　　刷：朗翔印刷（天津）有限公司
本书如有破损、缺页、装订错误，请与本社联系调换

开　　本：710 毫米 ×1000 毫米　　1/16
字　　数：300 千字　　　　　　　　印　　张：14
版　　次：2024 年 8 月第 1 版　　　　印　　次：2024 年 9 月第 1 次印刷
书　　号：ISBN 978-7-5168-3952-2

定　　价：59.00 元

版权所有　翻印必究

**灵骑独步，疾锋幻影，
神仙西游，终见自己。**
回溯欧文生涯的吉光片羽 4
东欧组合 / 詹欧组合 / 711 组合 / 天外飞仙
进攻博物馆 / 领袖 / 决胜之王

数据酷 / 欧文各项数据纪录汇总 21
荣耀库 / 欧文各项数据纪录汇总 23
仙履无双 / 凯里·欧文战靴全解析 26

凯里·欧文前传 31

仙锋正传 / 凯里·欧文
第一章 / 骑士少主 37
1. 最佳新秀 /2. 杀手初成 /3. 老大之争
4. 三分之王

第二章 / 英雄少年 49
1. 毁誉参半 /2. 蜕变开始 /3. 星宴夺魁
4. 庸帅误国

第三章 / "皇帝"归来 59
1. 决定回家 /2. 惊现三巨头 /3. 世界杯加冕
4. 连飙狂潮 /5. 巅峰之战

第四章 / 一骑袭巅 73
1. 完美蜕变 /2. 杀出东部 /3. 巅峰梦碎
4. 虽败犹荣

第五章 / 换帅如刀 83
1. 临阵换帅 /2. 重振雄风 /3. 剑指东巅
4. 华丽绽放

第六章 / 决胜七重天 93
1. 先折两阵 /2. 骑士保卫战 /3. 刀剑合璧
4. 向死而生 /5. 一箭定江山

第七章 / 巅峰之后 107
1. 最成功的"状元" /2. 致敬科比 /3. 奥运夺金
4. 卫冕启程 /5. 圣诞决胜

第八章 / 巅峰忽止 119
1. 刺客型领袖 /2. 詹欧默契 /3. 三临东巅
4. 巅峰之殇

第九章 / 赴凯封王 131
1. 忽而离骑 /2. 入主"绿衫" /3. 十六连胜

第十章 / 跌宕岁月 141
1. 伤病来袭 /2. 卷土重来 /3. 领袖的成长 /4. 云谲
波诡 /5. "猎鹿人"的溃败 /6. 告别凯尔特人

第十一章 / 纽约网事 159
1. 711 组合 /2. 华丽起笔 /3. 永失科比
4. 伤病阴霾

第十二章 / 三星明灭 169
1. 归去来兮 /2. 篮网三巨头 /3. 高歌猛进
4. 垫脚之殇 /5. 意难平

第十三章 / 风流云散 183
1. 疫情风波 /2. 哈登离去 /3. 风雨降魔路
4. 曲终人散

第十四章 / 西行之路 199
1. 西行路漫漫 /2. 风云再起 /3. 一勾解兵锋

第十五章 / 巅峰侠影 209
1. 怒海沉船 /2. 华丽蜕变 /3. 西北射天狼
4. 东欧傲西巅 /5. 北岸迷踪 /6. 巅峰侠隐

回溯欧文生涯的吉光片羽
灵骑独步，疾锋幻影，神仙西游，终见自己。
Kyrie Irving

凯里·欧文在 2011 年以"状元"身份入主骑士，与詹姆斯联手，24 岁就夺得总冠军，可谓少年成名。2017 年，欧文在波士顿欲戴王冠，却经历了一段云谲波诡的"绿衫岁月"。2019 年，欧文加盟篮网，无论是"711 组合"，还是"篮网三巨头"，都没有取得与之匹配的成就，令人意难平。欧文在那段扑朔迷离的"黑白岁月"，因为种种原因迷失自己，一度因为被质疑而陷入生涯谷底。

2023 年 2 月，欧文来到独行侠，在达拉斯终于找回自我，并与东契奇联手率队杀入总决赛。历经千帆之后，欧文终成一名优秀的领袖。

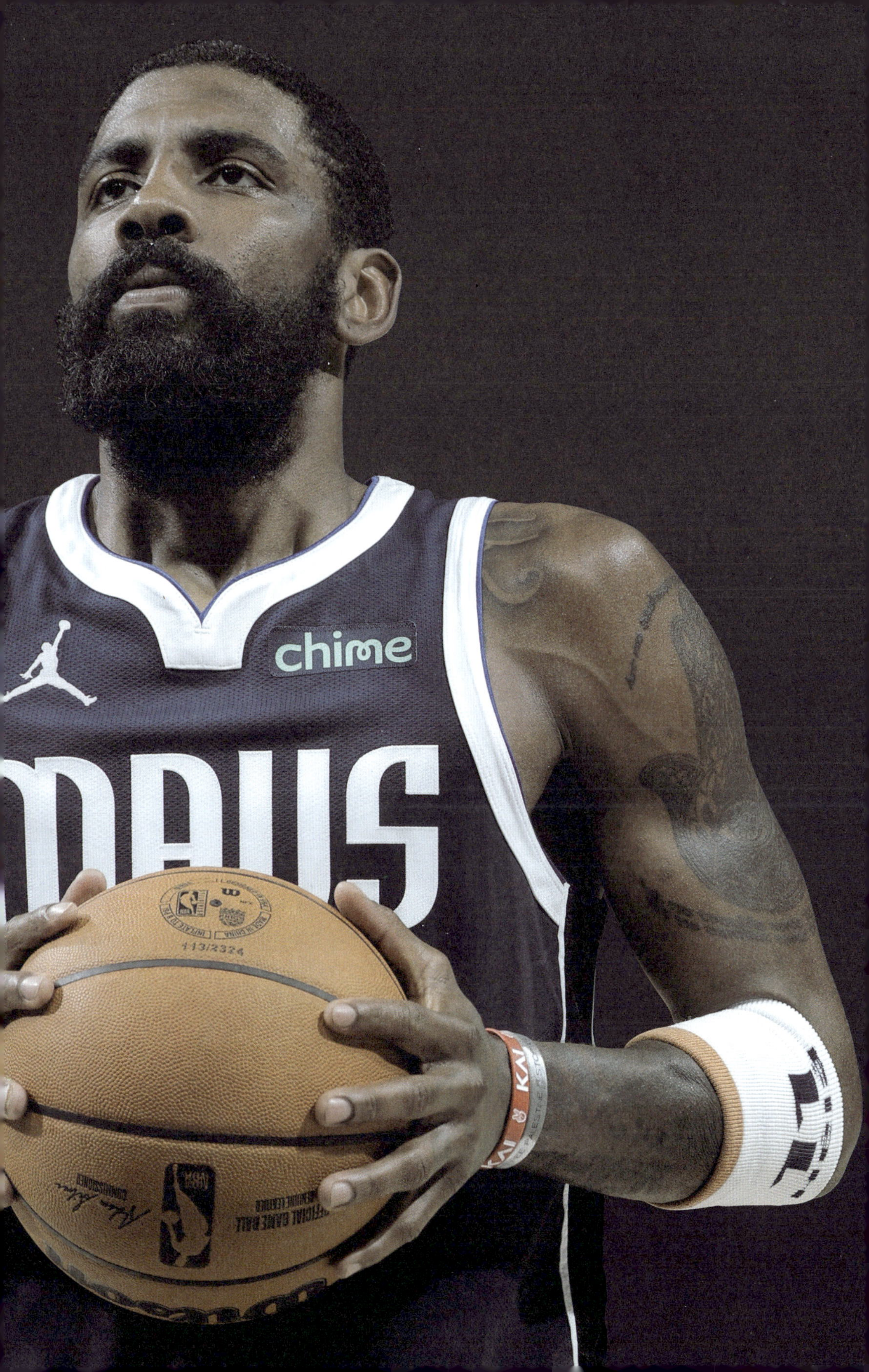
chime

侠不独行，士为知己，
一剑西来，笑傲西巅。
Kyrie Irving

2023年2月，库班力排众议、无视流言，将欧文招募至独行侠。而欧文也士为知己，非常感激老板库班。因此在2023年夏天与独行侠签下一份3年1.26亿美元的"平价"续约合同，并在随后的2023/2024赛季打出绚烂的个人表现

　　2024年4月，欧文与东契奇联手率领独行侠以常规赛西部第5的排名挺进季后赛，并一路"下克上"。在首轮以4比2淘汰（常规赛西部第4）快船、西部半决赛4比2击败（常规赛西部第1）雷霆，西部决赛又轻取（常规赛西部第3）森林狼，杀入总决赛，颇有2011年那支达拉斯小牛的风采。

　　2024年5月31日，当独行侠在西部决赛以4比1淘汰森林狼，夺得西部冠军时，库班喜悦之情溢于言表，并表示很庆幸当初坚决地完成了欧文的交易。

东欧组合
合作年份：2023年—至今
巅峰赛季：2023/2024赛季
巅峰赛季数据（2024年季后赛）
东契奇场均28.9分、9.5个篮板、8.1次助攻
欧文场均22.1分、3.7个篮板、5.1次助攻
联手荣誉：1届西部冠军

东欧组合
DONČIĆ & IRVING

东契奇与欧文，一位是联盟得分王&持球大核心，一位是末节得分王&历史单挑王。但他们在合作的初期（2022/2023赛季收官阶段）却因为未能率领独行侠挺进季后赛而备受质疑，但他们选择彼此信任、彼此支持。

东契奇习惯于慢节奏半场进攻拆解对手，欧文奇袭快攻属于联盟顶级，二人一快一慢，经过磨合做到快慢相宜，并在2024年季后赛率领资质平平的独行侠杀入总决赛。在荡平西部的逆袭之旅中，"东欧组合"得到升华，无论是"双核驱动"带动全军，还是轮番"双炸单打"摧城拔寨，二人都能配合得天衣无缝。当"东欧组合"在西部决赛5场比赛中3场同砍30+时，我们不禁慨叹，这所呈现的也许就是历史最强进攻双人组的极限火力。

詹欧组合

合作年份：2014年—2017年
巅峰赛季：2015/2016赛季
巅峰赛季数据（2016年季后赛）
詹姆斯场均26.3分、9.5个篮板、7.6次助攻
欧文场均25.2分、3个篮板、4.7次助攻
联手荣誉：1届总冠军、三届东部冠军

詹欧组合
JAMES & IRVING

　　詹姆斯与欧文，他们是联盟中首度将"持球大核心与顶级刺客"的合作模式发扬光大的二人组。身边站着一位能在关键时刻得分如探囊取物的顶级"刺客"，让"皇帝"有了正面硬刚73胜勇士的底气。

　　2016年总决赛，"詹欧组合"率领骑士完成史无前例的（1比3落后）的绝境逆转。无论是总决赛第五战双欧40+，还是"抢七大战"詹姆斯的遮天封盖与欧文的制胜三分，都成为彼此成就更好的自己的最佳写照。

711组合

合作年份：2020年—2023年
巅峰赛季：2020/2021赛季
巅峰赛季数据（2021年季后赛）
欧文场均22.7分、5.8个篮板、3.4次助攻
杜兰特场均34.3分、9.3个篮板、4.4次助攻
联手荣誉：1届东部半决赛

711组合
DURANT & IRVING

即便二人是双向奔赴在篮网共襄盛举，即便二人都拥有着联盟前五的得分能力，即便二人寄托着球迷们的美好希冀，但"711组合"还是未能达到人们所期待的高度。无论是篮网在2021年东部半决赛折戟沉沙，还是在2022年季后赛首轮被凯尔特人横扫出局；无论是伤病作祟，还是因为其他问题……总之，"711组合"还是落得最终无果、曲终人散的令人唏嘘的结局，留下了无数令人意难平的心酸回忆。

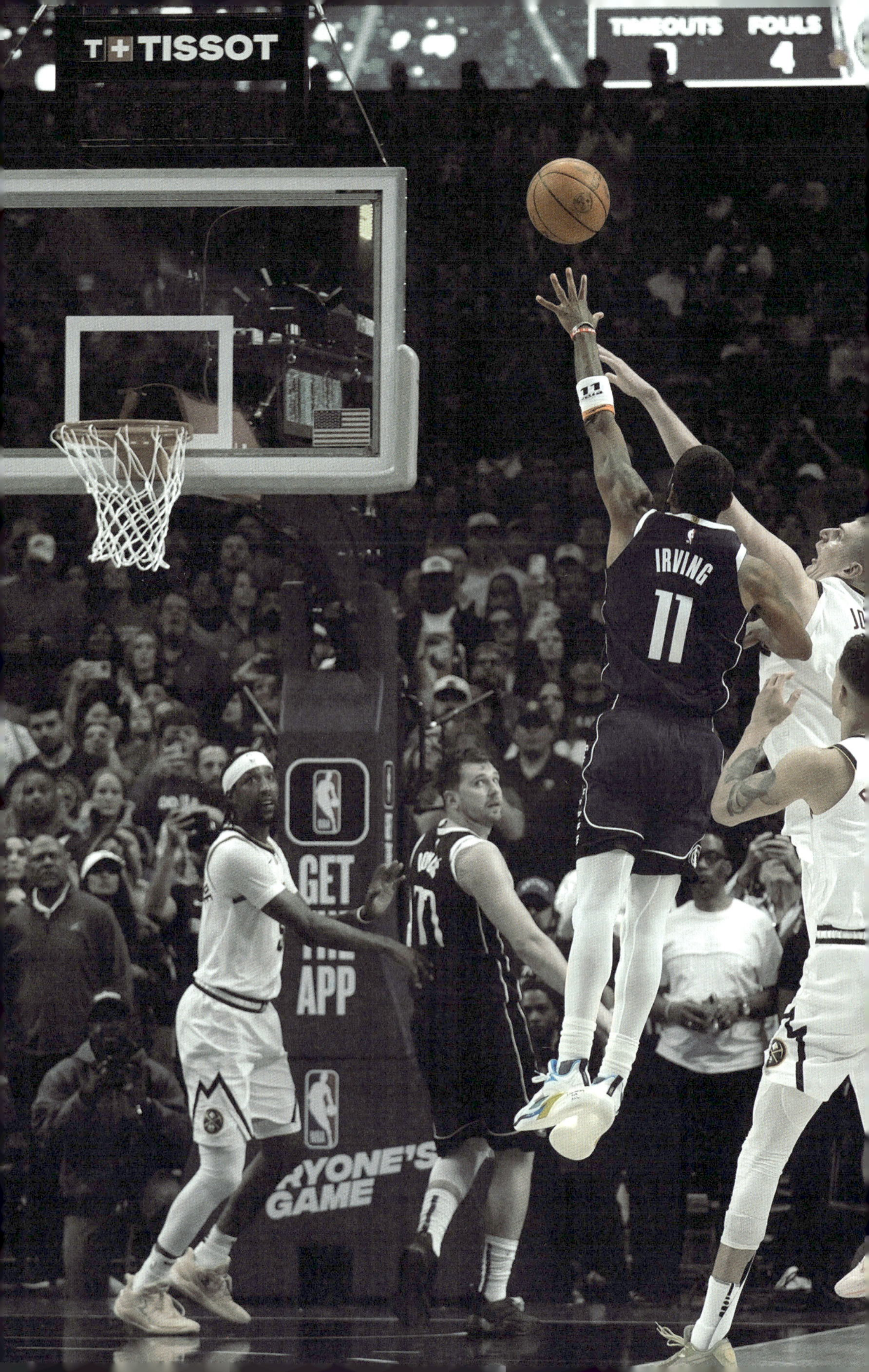
TISSOT
TIMEOUTS
FOULS
4
IRVING
11
GET
APP
RYONE'S
GAME

天外飞仙

欧文左手天勾压哨绝杀掘金

2024年3月18日，独行侠坐镇主场迎来上届冠军掘金。双方鏖战到最后2.8秒，比分为105平，独行侠边线发球。欧文接球后突破至罚球线附近，面对约基奇的贴身防守竟然用一记匪夷所思的左手勾手投篮，压哨命中。凭借欧文的最后一杀，独行侠以107比105险胜掘金。

生死之间，欧文面对约基奇竟然用非惯用手做出"天勾"进行最后一投，足见其艺高人胆大。

进攻博物馆

得分如万花筒般的球场艺术家

欧文能在球场上展现出博物馆式进攻技巧，不仅美如画卷，而且每次进攻方式绝不雷同。无论面对联盟顶级防守悍将的缠绕防守，还是多人夹击，欧文都能游刃有余，庖丁解牛般肢解对手防线。

作为继艾弗森之后NBA最犀利的突破手，欧文左右手运球娴熟，人球合一已臻化境。他轻灵迅疾，不管对手如何布防，总能用繁复华丽的螺旋步宛如蝴蝶穿花般晃过对手，最终将球放进篮筐。此外，欧文还是将控球和投篮结合最好的球员之一。他就像一座行走的"进攻博物馆"，每次出招都千变万化、创意十足，堪称"人类进攻精华"。

领袖

知行合一的独行侠核心

32岁的欧文历经千帆，真正成熟了，他有"大当家"的实力，却甘心成为东契奇身边的"二当家"。即便如此，欧文依然是独行侠的领袖与大脑，掌控全队进攻态势与节奏，并致力于策动全队。因为他知道，只有火力全开的独行侠才能与联盟诸强抗衡。

作为令对手胆战心惊的杀手，欧文并不急于出手，而是在东契奇以及全队进攻乏力的时候接管比赛，而且无坚不摧。欧文这种隐忍不发的态势却能给予对手最大程度的压迫感，就像悬在对手命门的一把快刀。

决胜之王

关键时刻天下无双的绝命"刺客"

　　欧文是进攻万花筒、脚踝终结者、得分艺术家……这些都是表象，骨子里他是一剑封喉的顶级"刺客"，其"杀手"本能令对手生畏。

　　即便在命运多舛的 2022/2023 赛季，欧文在每回合单打依然能取下 1.28 分，高居联盟第一，并在该赛季第四节场均得到的 9.3 分以及 5 场得分 20+，两项统计数据均冠绝联盟。2024 年 5 月 28 日，截止西决第三场战罢，欧文在此届季后赛的第四节共得到 114 分，排名联盟第一，同时真实命中率达到恐怖的 62.7%。

　　根据种种数据统计，加上欧文在 2024 年季后赛的下半场与关键时刻所展现出的无解表现来看，他就是联盟的"决胜之王"。

作为当今最出色的单挑手与突破大师，欧文无数次盘旋妖娆地晃过对手，完成达阵得分。更为重要的是，欧文在关键时刻所展现出的进攻无解的锋锐性与高效终结的得分能力，举世无双。

60
生涯单场最高得分

2022年3月16日，篮网在客场以150比108大胜魔术。欧文31投20中，三分球12投8中，罚球13投12中，砍下个人职业生涯新高的60分，并刷新篮网个人单场得分纪录。

12
奥运单场助攻最多纪录

2016年8月15日，美国男篮在奥运小组赛以100比97击败法国男篮。欧文送出12次助攻，追平美国男篮奥运单场助攻最高纪录。

8
生涯单场最多抢断

2019年1月22日，凯尔特人在主场以107比99战胜热火，欧文完成个人职业生涯新高的8次抢断。

6
连续6场砍下30+

2023年1月29日，篮网在主场以122比115战胜尼克斯。欧文得到32分，创造连续6场得分30+的篮网队史纪录。

4
生涯单场最多盖帽

2013年12月21日，骑士在主场以114比111战胜雄鹿，欧文送出个人职业生涯新高的4个盖帽。

11
生涯单场最多篮板

2019年3月17日，凯尔特人在主场以129比120战胜老鹰。欧文砍下30分，摘得个人职业生涯新高的11个篮板。

42
季后赛单场最高得分

2017年5月24日，季后赛东部决赛第四场。骑士在主场以112比99战胜凯尔特人，欧文得到42分，刷新个人季后赛单场得分纪录。

18
生涯单场最多助攻

2019年1月17日，凯尔特人在主场以117比108战胜猛龙。欧文送出个人职业生涯新高的18次助攻。

11
生涯单场最多三分命中数

2015年1月29日，骑士在主场以99比94击败开拓者，欧文三分球19投11中，创个人单场三分球命中数新高。

20
单场最多投篮命中数

2015年3月13日，骑士在客场以128比125战胜马刺，欧文32投20中，刷新个人单场投篮命中数纪录。

数据酷
欧文各项数据纪录汇总

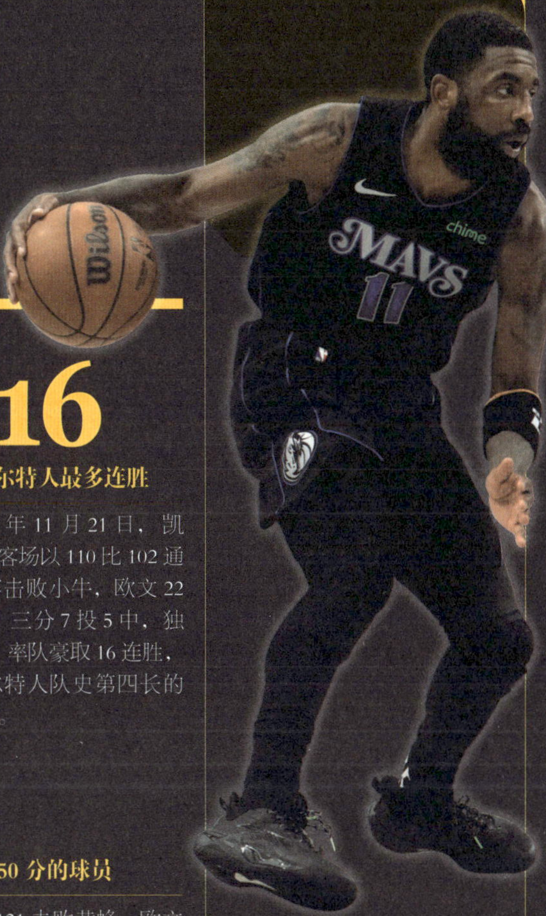

2
总决赛得分超过 40 分场数

欧文分别在 2016 年总决赛第五场与 2017 年总决赛第四场砍下 41 分、40 分，其中 41 分那场轰出 70.8% 的命中率。欧文在总决赛两场砍下 40+，也与韦德并列 NBA 总决赛场次榜的第八位。

16
率凯尔特人最多连胜

2017 年 11 月 21 日，凯尔特人在客场以 110 比 102 通过加时赛击败小牛，欧文 22 投 16 中，三分 7 投 5 中，独得 47 分，率队豪取 16 连胜，创下凯尔特人队史第四长的连胜纪录。

1
首位 19 投并命中 9 记 三分球得到 50 分的球员

2022 年 3 月 9 日，篮网客场以 132 比 121 击败黄蜂。欧文全场 19 投 15 中，其中三分球 12 投 9 中，罚球 13 罚 11 中，轰下 50 分并送出 6 次助攻，成为 NBA 历史首位单场得到 50 分、命中 9 记三分球而且命中率超 75% 的球员。

100%&20+
季后赛单节百分之百命中率得分 20+

2024 年 4 月 22 日，季后赛首轮，独行侠在客场以 97 比 109 不敌快船。欧文在比赛第三节 8 投全中（三分球 2 投 2 中，罚球 2 投 2 中），得到 20 分、2 个篮板、1 次助攻，成为历史首位在季后赛单节得分 20+，且命中率 100% 的球员。

14
季后赛赛点战 14 胜 0 负

2024 年 5 月 19 日，西部半决赛第六场，独行侠主场 117 比 116 险胜雷霆，总比分 4 比 2 淘汰对手，挺进西部决赛。此役，欧文在下半场轰下 18 分（全场 22 分），延续着赛点战（手握赛点的比赛）14 胜 0 负的不败战绩，历史第一。

1
2012

一届新秀赛 MVP

2012 年 2 月 25 日，全明星新秀挑战赛，巴克利队以 146 比 133 战胜奥尼尔队。欧文全场13投12中，得到34分，其中三分球8投全中，夺得全明星新秀赛 MVP。

1
2013

一届 三分球大赛冠军

2013 年 2 月 17 日，欧文在休斯敦全明星三分球大赛的第二轮决赛中投出 23 分佳绩，荣膺三分球大赛冠军。

1
2011/2012

一届最佳新秀 & 新秀一阵

2011/2012 赛季，欧文以场均 18.5 分、3.7 个篮板、5.4 次助攻和 1.1 次抢断的完美表现，成功当选最佳新秀，并入选最佳新秀阵容一阵。

1
2014

一届全明星 MVP

2014 年新奥尔良全明星赛，东部以 163 比 155 战胜西部，欧文砍下 31 分、14次助攻，加冕全明星 MVP。

荣耀库
欧文各项数据纪录汇总

1
2016

一届 NBA 总冠军

2016 年 6 月 20 日，欧文在总决赛场均砍下 27.1 分，与詹姆斯携手率领骑士以总比分 4 比 3 击败勇士，夺得总冠军。

1
2016

一枚 NBA 总冠军戒指

2016 年 10 月 26 日，骑士在揭幕战赛前举行戒指颁奖仪式，欧文戴上首枚总冠军戒指。

1
2014

一届世界杯冠军 & MVP

2014 年 9 月 15 日，西班牙男篮世界杯决赛，欧文砍下 26 分，率领美国男篮以 129 比 92 战胜塞尔维亚男篮夺冠，并成为首届世界杯 MVP。

3
2015—2017

三届东部冠军

欧文与詹姆斯联手，率领骑士于 2015 年、2016 年和 2017 年三次夺得东部冠军。

8
ALL STAR

八届全明星

欧文分别在 2013 年、2014 年、2015 年、2017 年、2018 年、2019 年、2021 年和 2023 年八次入选全明星。

1
2016

一届奥运金牌

2016 年 8 月，欧文场均贡献 11.4 分、4.9 次助攻，随美国男篮夺得里约奥运金牌。

1
2024

一届西部冠军

2024 年 5 月 31 日，欧文与东契奇双砍 36 分，联手率领独行侠以 124 比 103 大胜森林狼，在西部决赛中五场淘汰对手，一举夺得西部冠军。

1
2018/2019

一次最佳阵容二阵

2018/2019 赛季，欧文场均贡献 23.8 分、5.0 个篮板、6.9 次助攻，入选最佳阵容二阵。

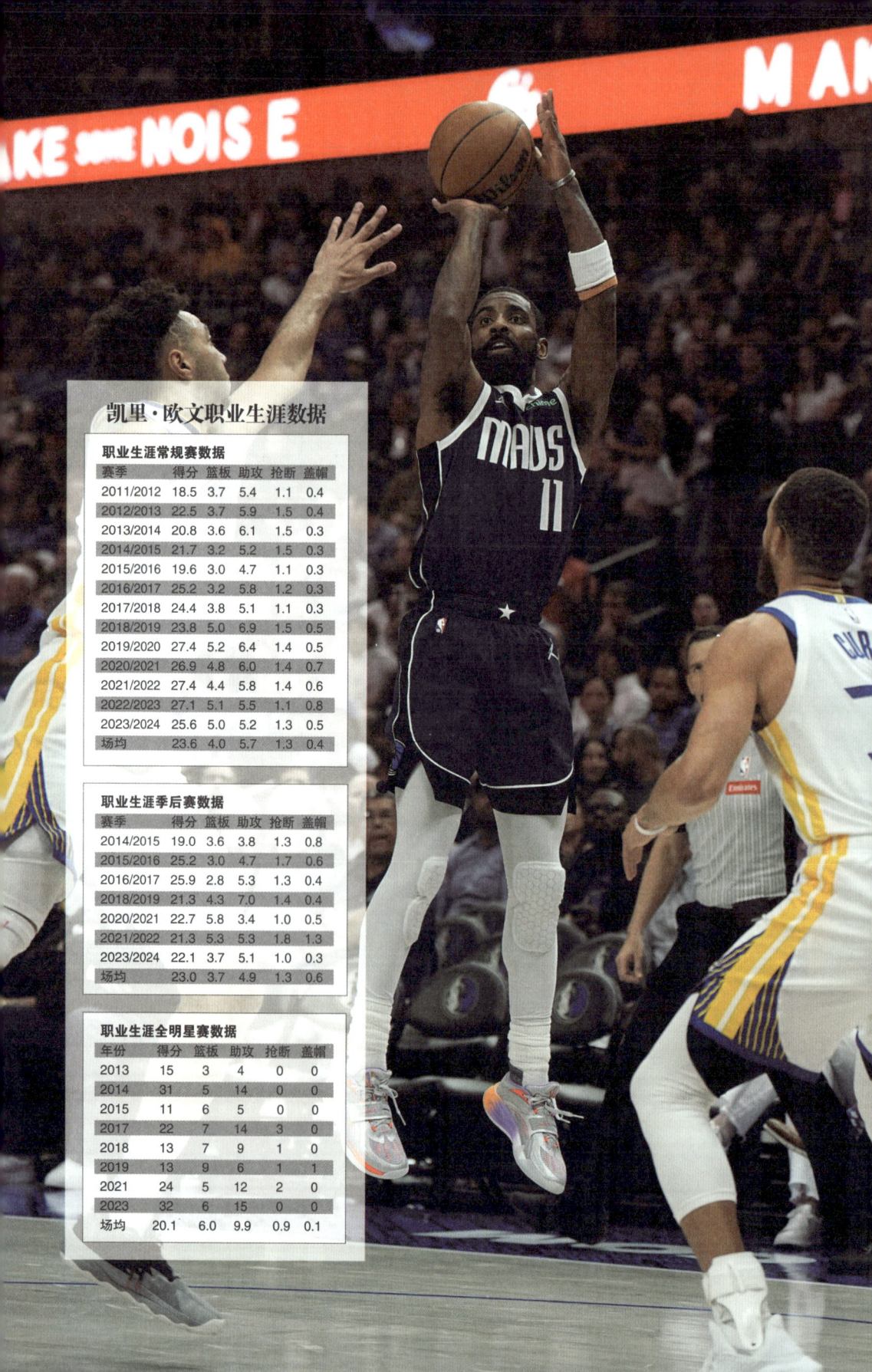

凯里·欧文职业生涯数据

职业生涯常规赛数据

赛季	得分	篮板	助攻	抢断	盖帽
2011/2012	18.5	3.7	5.4	1.1	0.4
2012/2013	22.5	3.7	5.9	1.5	0.4
2013/2014	20.8	3.6	6.1	1.5	0.3
2014/2015	21.7	3.2	5.2	1.5	0.3
2015/2016	19.6	3.0	4.7	1.1	0.3
2016/2017	25.2	3.2	5.8	1.2	0.3
2017/2018	24.4	3.8	5.1	1.1	0.3
2018/2019	23.8	5.0	6.9	1.5	0.5
2019/2020	27.4	5.2	6.4	1.4	0.5
2020/2021	26.9	4.8	6.0	1.4	0.7
2021/2022	27.4	4.4	5.8	1.4	0.6
2022/2023	27.1	5.1	5.5	1.1	0.8
2023/2024	25.6	5.0	5.2	1.3	0.5
场均	23.6	4.0	5.7	1.3	0.4

职业生涯季后赛数据

赛季	得分	篮板	助攻	抢断	盖帽
2014/2015	19.0	3.6	3.8	1.3	0.8
2015/2016	25.2	3.0	4.7	1.7	0.6
2016/2017	25.9	2.8	5.3	1.2	0.4
2018/2019	21.3	4.3	7.0	1.4	0.4
2020/2021	22.7	5.8	3.4	1.0	0.5
2021/2022	21.3	5.3	5.3	1.8	1.3
2023/2024	22.1	3.7	5.1	1.0	0.3
场均	23.0	3.7	4.9	1.3	0.6

职业生涯全明星数据

年份	得分	篮板	助攻	抢断	盖帽
2013	15	3	4	0	0
2014	31	5	14	0	0
2015	11	6	5	0	0
2017	22	7	14	3	0
2018	13	7	9	1	0
2019	13	9	6	1	1
2021	24	5	12	2	0
2023	32	6	15	0	0
场均	20.1	6.0	9.9	0.9	0.1

凯里·欧文个人档案

- 凯里·欧文 / Kyrie Irving
- 国籍：美国 / 澳大利亚
- 出生地：澳大利亚墨尔本
- 出生日期：1992 年 3 月 23 日
- 身高：188cm / 体重：88kg
- 毕业院校：杜克大学
- 效力球队：达拉斯独行侠
- 位置：控球后卫 / 球衣号码：11
- 荣誉：1 届总冠军、8 届全明星、1 届全明星 MVP、最佳新秀、1 届最佳阵容二阵、2 届最佳阵容三阵、1 届奥运冠军、1 届男篮世界杯冠军 &MVP

仙履无双

凯里·欧文战靴全解析

Kyrie Irving SHOES

"欧神仙"以其华丽无双的球技风靡篮坛，拥有球迷无数。无论是在以前的NIKE（耐克）还是如今的安踏，欧文每推出一双新战靴，无一例外都会成为热销款。2014年，NIKE推出凯里·欧文首款签名鞋。2023年7月，凯里·欧文与中国运动品牌安踏签约，自此，开启了一条崭新而又绚烂的未来"履"程。

ANTA KAI
欧文安踏战靴解析

❶ ANTA KAI 1

2024年3月7日，欧文签约安踏后的第一代签名球鞋 ANTA KAI 1 在中美两地进行首发，首发配色为"球场艺术家"。

此款球鞋以紫色为主色（欧文说紫色是他的幸运色）。在紫色鞋面上布满了若隐若现的象形字符和花纹。设计师从印第安人的传统部落图形、古代象形文字和密码汲取灵感，进行精美创作。并以橙、紫、粉、绿四种颜色分别代表速度、敏捷、力量和专注，这四项也是欧文在球场上所具备的特质。

作为欧文的首款签名鞋，ANTA KAI 1 也被赋予一个响亮主题——"斗士无双"（Enlightened Warrior）。

ANTA KAI 1 在中美两地一经上市，便大受欢迎。此款球鞋相继推出"黑武士""鸢尾花"等特别款，其中 ANTA KAI 1 "酋长"战靴，以其金色装饰与精美流苏，体现出独树一帜的奢华感。

NIKE KYRIE
欧文 NIKE 战靴全回溯

❶ NIKE KYRIE 1

2014年12月23日，欧文个人首款签名球鞋发售。

作为欧文 NIKE 系列战靴的开山之作，有两处特别设计。

一处是在靠近前鞋面上的抓地花纹采用锯齿状图案，另一处是带有角状突起的足跟稳定器，两处均参考悉尼歌剧院的外形而设计（欧文出生于澳大利亚）。

外底下方有欧文 Logo 和 "JBY" 字样，代表着 "Just Be You"（只做自己），以此激励孩子们活出属于自己的独特个性。

❷ NIKE KYRIE 2

2015年12月15日，Nike Kyrie 2 发售。设计上采用了前所未有的曲面中底及大底设计，专为增强倾斜程度和突破动作而特别打造。战靴加入了环绕型魔术贴，以提升包裹性和稳定性。

在细节设计上，并未带来1代颇具战斗性的观感，但是可以感受到其更加注重实战性能的提升。Kyrie 2 无论是鞋身轮廓和环绕绑带，还是抓地大底和独特的鞋帮呈现，都为欧文的场上拼杀带来稳定而全方位的支持。

❸ NIKE KYRIE 3

2016年12月26日，Nike Kyrie 3 发售。球鞋前足束脚结合 Flywire 飞线（NIKE 于 2008 年开发的一项革命性鞋面技术），强化前掌灵活性的同时加强贴合度。

"JBY" 和 "H+H" 印在鞋舌上方。"H+H" 是欧文口头禅 "Hungry and Humble" 的缩写。左右鞋垫的罗马数字 VIII 和 XIII 是欧文母亲的生日（8月13日），足跟的可视 Zoom Air 气垫外的小框上标有 "AZURIE"（欧文小女儿的名字）。

27

❹NIKE KYRIE 4

2017年12月16日，Nike Kyrie 4发售。这双球鞋在设计时按照欧文的要求加强了缓震和高速变向中稳定性，在中底后跟处采用Zoom Air缓震单元，"鞋底一体"的设计提升了抓地效果和变向时的应急能力。

外底设计包裹了双脚并延伸到鞋面两侧，侧壁的獠牙纹象征着无双的速度，鞋底的波浪造型也极具动感与冲击力。

❺NIKE KYRIE 5

2018年12月6日，Nike Kyrie 5发售。这双球鞋采用Nike Air Zoom Turbo的缓震技术，气垫与双脚的完美贴合能有效减震。外底凹槽纹路可以提高灵活性，并贴合双脚的轮廓。

鞋面全新包裹系统的灵感来源于捕蝇草，飞线技术能够将双脚与Nike Air Zoom Turbo紧紧贴合，在追求美观的同时，提高了舒适度和体验感。

❻NIKE KYRIE 6

2019年11月11日，Nike Kyrie 6发售。这双球鞋在外形及设计上参考了Nike Air Yeezy 2，譬如魔术贴绑带设计和鞋帮及Swoosh位置，后跟则借鉴了前几代的一些元素。Kyrie 6舍弃了以捕蝇草为灵感的包覆系统，取而代之的是Yeeze 2鞋款的中足绑带。前掌"真实之眼"的部分采用不一样的色块，这是运用不一样的材质来加强摩擦力。

> 从2014年NIKE推出欧文的第一款签名球鞋NIKE KYRIE 1起，到2022年11月NIKE KYRIE 9为止，NIKE与欧文合作近十年。在此期间，NIKE推出的每一款欧文的签名球鞋都成为热销款。时尚动感的外观、诚意满满的细节以及优越的实战性，都成为那些年NIKE KYRIE系列球鞋的鲜明标签。

❼NIKE KYRIE 7

2020年11月11日，Nike Kyrie7发售。这双球鞋配色灵感来源于古埃及的涂铀陶瓷，似乎汲取了上古的魔力，颇具神秘色彩。

其鞋头相比以往略尖，上翘幅度略高，不仅有视觉上的冲击力，也更利于第一步的突破启动。

外底纹理类似越野轮胎的粗壮纹理，抓地力更好。同时保留提升突破稳定性的上翻外底设计，外侧还特别设计了7颗鲨鱼齿，以此代表这是第七代战靴。

❽NIKE KYRIE 8

2021年11月，Nike Kyrie 8发售。这双球鞋在后掌气垫位置进行了"8"字形的开窗，以此代表Kyrie 8，并在"8"字形的周围使用了不规则的防滑纹。

Kyrie 8运用了该系列的最复杂配置：前掌TURBO气垫+后掌口香糖气垫+中底抗扭片。

鞋面环绕的八字型绷带既可以提供包裹与保护，又能带来美观性。同时，这条绷带又连接鞋带，可以通过鞋带来调节松紧。

❾NIKE KYRIE 9

作为欧文Nike系列的收官之作，Nike Kyrie 9于2022年11月24日发售。造型简约现代，鞋面采用大面积透明纱线打造，带来更好的层次感与散热性。

这双球鞋搭载了全掌Air Zoom Strobel气垫。鞋底融入欧文Logo、捕蝇草纹路等元素。后跟内侧绣有罗马数字8、13、11、23，分别代表8月13日（欧文母亲的生日）和11月23日（欧文女儿的生日）。

华丽灵动、飘逸出尘，欧文不仅在场上以潇洒犀利的球技征服对手、斩获荣耀，在场下也散发着独特魅力。

欧文心怀赤诚，热衷慈善事业。无论是自掏腰包力助因疫情而停摆的WNBA复赛，还是在世界各地为有需求的人捐赠太阳能供电中心、供水设施……欧文做慈善时总是如春风化雨，润物无声。虽然因为低调，欧文的许多慈善义举并不被人所熟知，但在每一位喜爱他的球迷心中，这位充满爱心的欧文已经落地生根，且一路生花。

The front part of Biography
Kyrie Irving

凯里·欧文前传

  1992年3月23日，凯里·欧文出生在澳大利亚的墨尔本。作为一座位于南太平洋的海滨名城，墨尔本气候宜人、风景秀美，是孕育人杰的钟灵毓秀之地。

  欧文的母亲伊丽莎白·欧文曾是波士顿大学女子排球队的主力球员，父亲德雷德里克·欧文曾是波士顿大学篮球队的首席得分手。他们从两情相悦到携手步入婚姻殿堂都宛如爱情故事般完美顺遂。然而，相比于爱情而言，德雷德里克的事业并不如意。

  为了生计，大学毕业之后德雷德里克不得不转战海外，远赴东南澳大利亚联赛。他在布林袋鼠队场均能轰下30分，却依旧在1988年NBA试训时被凯尔特人拒之门外，原因是这位才华横溢的天才得分手无法适应（团队至上）"绿衫军"的传切挡拆战术。

  为了寻求更好的发展，1991年，德雷德里克携妻子来到墨尔本安家。随着他们第二个孩子凯里·欧文呱呱坠地（欧文还有一位年长1岁的姐姐艾莎·欧文），德雷德里克夫妇为了给子女一个更好的未来，开始更加奔波劳碌地工作。

  1996年，欧文的母亲伊丽莎白不幸感染"急性败血症"，不久便撒手人寰，逝世时年仅29岁，而此时的欧文还只是一个4岁的孩子。

  母亲虽然过早地离去，却留给欧文优良的运动基因，而母亲身上的印第安人血脉，也在欧文身上流淌，多年之后，功成名就的欧文曾开启一段印第安部落的寻根之旅。

  德雷德里克因爱妻离去悲痛不已，但为了抚养一对年幼的子女，他必须坚强起来，努力工作赚钱养家，并且做好父亲甚至母亲的职责。

  欧文从小便尽显篮球天赋，13个月大时就可以运球，4岁就掌握了上篮技巧，6岁时就能完成左手上篮了。父亲德雷德里克成为欧文篮球之路的第一盏明灯。

  德雷德里克并不介意将当年被凯尔特人拒绝而梦碎NBA的心酸往事告诉爱子，在父亲的影响下，欧文从小便萌生了去NBA打球的想法，以此来完成父亲未竟之业。

仙锋正传

凯 里 · 欧 文

"我要进入 NBA，保证！保证！保证！"欧文在四年级时在自己壁橱的墙壁上刻言明志，小小少年在心中种下一颗 NBA 的种子，期待一路生花，早结硕果。

虽然小欧文早早就显示出超越同龄人的篮球天赋，却不能让德雷德里克满意，因为这位泯为众生的前篮球天才明白，"必须要有坚强的信念以及全情投入，通过不断地刻苦训练，才有可能成功，而非心血来潮的兴趣使然"。

在父亲严格而又细致的训练督导下，小欧文每晚都在自家车库的灯光下磨练球技，面对自制的篮筐反复投篮，日复一日。那些日子，欧文经历了无数次一对一（父子）对抗，进行过无数次麦肯式篮球训练，并每日都在各种极端条件下训练运球。

宝剑锋从磨砺出，经过日积月累的"父亲特训"，欧文已成为年少有为的篮球少年。

2009 年，欧文就读于蒙特克莱尔·金伯利高中。这位天才的到来让这所原本在篮球领域籍籍无名的私立学校声名鹊起。高一、高二两年间，欧文场均轰下 26.5 分、10.3 个篮板、4.8 次助攻以及 3.6 次抢断，并成为校史上第一位得分超过 1000 分的球员。

高三学年，欧文转学至圣帕特里克高中。这所篮球名校已经拥有吉尔克里斯特（2012 年 NBA 榜眼秀）与迈基吉这样的明星球员，可谓高手如云，但欧文在学校篮球队中依然是鹤立鸡群般的存在。欧文在场上大杀四方，享受着"1 打 5"的快乐，却遭到父亲的严厉批评，德雷德里克告诉儿子，"篮球是团队运动，不是一个人的游戏"。

欧文在严父谆谆教导以及篮球教练凯文·博伊尔悉心指导下，重塑了自己的篮球观，成为一名球队的真正领袖，学会了分享球权，策动队友一起进攻。高四学年，欧文场均能送出 6.5 次助攻，还得到 24.5 分、5.0 个篮板和 1.6 个抢断，率领圣帕特里克队在高中联赛所向披靡的同时，欧文也一跃成为全国前五的高中生球员。

2010 年，凭借傲视同侪的球技，欧文在高中毕业后收到众多篮球名校（大学）的橄榄枝，其中一封来自杜克大学"老 K"教练的亲笔邀请信最为情真意切。"蓝魔"杜克大学是 NCAA 的传统名校，曾在 1988 年 NCAA 复赛淘汰过德雷德里克所在的波士顿大学队，也终结了老欧文的大学篮球梦。不过老欧文非常支持儿子去杜克大学就读。

征得父亲同意后，欧文开始了杜克大学的篮球生涯，并很快展现出过人的篮球才华。2010 年 12 月 1 日，欧文在杜克大学队和密歇根州立大学队的比赛中，12 投 8 中，加上罚球共砍下 31 分，带队取胜的同时，创下杜克校史（新人）单场第二高的得分。遗憾的是，欧文在 2010 年 12 月 10 日杜克大学对阵巴特勒大学的比赛中右脚趾韧带受伤，

Kyrie Irving

因此休战 4 个月。2011 年 3 月 18 日，欧文火线复出。2011 年 3 月 24 日，NCAA16 强赛，虽然作为上届冠军的杜克大学队负于亚利桑那大学队，无缘卫冕，但欧文得到 28 分和 3 次助攻，为自己的 NCAA 生涯留下浓墨重彩的收笔。

2011 年 4 月，欧文在大一赛季结束之后即宣布参加 NBA 选秀。

就这样，欧文告别了大学篮球生涯。虽然他因伤仅为杜克大学打了 11 场比赛，却依然展现出无与伦比的球技，因此，一向强调团队篮球的"老 K"教练给予这位爱徒更多的进攻自主权。亲眼看过欧文打球的格兰特·希尔曾感叹："欧文在场上所展现的球技超越常人，难以想象的是'老 K'教练竟然给这位新人如此多的自由度。"

"代表杜克大学队参加 NCAA 比赛 11 场，场均贡献 17.5 分、3.4 个篮板、4.3 次助攻，两分球命中率为 59%，三分球命中率为 45%。"这是欧文的大学履历，虽然表现不俗，但作为 NBA 选秀资料还是略显单薄，然而，对于一位天才而言足够了。

欧文要参加 2011 年 NBA 选秀的消息一经公布，便成为"状元"的热门人选。虽然欧文在杜克大学仅就读一年，缺少 NCAA 的历练，但早期就接受过父亲长达 10 年的特训。经过十年如一日的"魔鬼"特训，欧文的技术已经无比纯熟，尤其是继承父亲衣钵的家传绝招——钻进内线（找准角度）打板投篮，投出的皮球宛如被施了魔法般轻盈柔和，旋入篮筐。

"欧文可能是未来联盟最好的篮下终结者，他可以将球打在篮板上的任意位置后投进。"一位 NBA 的球探打报告阐述其特点。那时的欧文已经展现出卓越的篮球天赋，人球合一、运控自如、投射精准。

2011 年 6 月 24 日，NBA 选秀大会，骑士在首轮第 1 顺位选中凯里·欧文。这也是克利夫兰继 2003 年"天选之子"之后再次迎来 NBA "状元"。上一位"状元"勒布朗·詹姆斯已在 2010 年远赴迈阿密建功立业，克利夫兰这座"无主之城"迫切需要新"状元"欧文率领骑士走出低谷，开创辉煌新篇。

仙锋正传

凯里·欧文

KYRIE IRVING

●文/穆东 平原公子 张学民

正传：一种遵循正统的传记方式，以主角的经历为主线，每处落笔皆翔实有据。

第一章
骑士少主

仙锋正传 / 凯里·欧文

仙锋正传　　　　　　　　　　　　　　　　凯　里　·　欧　文

01 K 最佳新秀

KYRIE IRVING

2011年6月NBA选秀大会，凯里·欧文以NBA"状元秀"的身份降临到克利夫兰骑士，除了欧文之外，骑士还在首轮第4顺位摘得特里斯坦·汤普森，一位球风劲爆的蓝领大前锋，也是之后"詹姆斯2.0时代"骑士的内线悍将，绰号"八贤王"。

欧文的到来，让骑士在"后詹姆斯1.0时代"终于找到一位率队走出泥潭的领袖。在詹姆斯离开骑士的首个（2010/2011）赛季，贾米森成为球队头牌，但他显然撑不起这个门面，骑士仅获得19胜63负，沦为东部鱼腩，所以这支球队太需要一位新的领袖。

2011年12月10日，克利夫兰骑士迫不及待地与凯里·欧文正式签下一纸4年总额2402万美元的新秀合同（同届新秀中签约总额最大的合同），但是合同约定在后两年为球队选项，毕竟在刚刚失去詹姆斯的骑士，实在不愿意冒太大的风险。

因为劳资纠纷问题，2011/2012赛季姗姗来迟。直到2011年12月中旬，才拉开季前赛的序幕。2011年12月16日，欧文随骑士来到底特律，下榻在汤森宾馆。想起明日季前赛首场与活塞的比赛，也是自己在NBA的首次亮相，欧文心潮澎湃、难以入眠。兴致使然，欧文拿起桌子上的信纸，写下这个赛季自己的既定目标，"最佳新秀"，停顿一下后，毅然又写道："场均17分、7次助攻、2次抢断。"写完之后，他读了一遍，然后在信纸的下面郑重地签上"凯里·欧文"。

12月17日，季前赛首战终于打响，欧文在自己的NBA首秀，交出"21分、6个篮板和3次助攻"的优异答卷，率领骑士91比87力克活塞，赢得"开门红"。

2012年1月27日，欧文在骑士对阵新泽西篮网的NBA正赛中，里突外投，全场砍下生涯新高的32分，其中第四节独得21分，拥有一颗大心脏的"末节之王"在那一刻初露端倪。

2012年2月25日，欧文在全明星新秀挑战赛狂揽34分、9次助攻，率领巴克利队以146比133击败奥尼尔队，一举夺得新秀挑战赛MVP。

那是一场在奥兰多上演的经典新秀挑战赛，欧文被选入巴克利队，他出战27分钟，13投12中，三分球更是8投全中，投篮效率之高令人惊叹。而欧文的34分也是新秀挑战赛历史中排名第四的高分，而投篮命中率之高更是无出其右。

全明星新秀赛后，欧文似乎已熟悉了NBA的节奏，一发不可收。整个3月，他场均贡献近20分，还送出6.7次助攻，比以助攻著称的同届新秀"欧洲金童"卢比奥还要技高一筹。除了得分能力出众，欧文还展现出不俗的传球能力，对阵黄蜂送出11次助攻，帮助球队获胜；对阵雷霆，送出生涯新高的12次助攻，率领骑士将对手斩落马下。

2011/2012赛季战罢，欧文场均得到18.5分、3.7个篮板、5.4次助攻和1.1次抢断，并包揽了2012年2月至4月的东部最佳新秀。纵观NBA历史，能在新秀赛季交出场均

18分、5次助攻的"状元"屈指可数，在欧文之前能做到如此的只有奥斯卡·罗伯特森、"魔术师"约翰逊、阿伦·艾弗森以及勒布朗·詹姆斯四位"大神"。

最终，欧文也得偿所愿，捧起2011/2012赛季最佳新秀奖杯。

2011届新秀不乏肯巴·沃克、克莱·汤普森、科怀·伦纳德与吉米·巴特勒等后来崛起的当世名将，但欧文还是以"状元"之尊夺得最佳新秀，可谓实至名归。

从2011年12月16日欧文写下新秀赛季目标，到2012年5月15日，NBA宣布欧文以117张选票（共120张）众望所归地荣膺最佳新秀，整整半年光阴，欧文不仅基本实现了纸上的目标，还成为骑士当仁不让的"核心"、克利夫兰的"少主"。

回溯新秀赛季，欧文表现得就像一个久经沙场的NBA老兵，作为一名后卫球员，他竟然能够达到超过五成的场均命中率，这一切得益于德雷德里克长达十年的"特训"，这种特训让欧文在很多新人都找不到北的"菜鸟"赛季，就已经具备火热手感。

2011/2012赛季，欧文投篮命中率达到46.9%，三分命中率达到39.9%，罚球命中率高达87.2%，纵观NBA历史，还从来没有任何一个新秀在此三项达到如此之高的命中率。

然而，相对于欧文个人的惊艳表现而言，克利夫兰骑士在2011/2012赛季仅取得21胜45负（缩水赛季66场）的惨淡战绩，反差明显，这也让欧文受到质疑。

显然，彼时骑士羸弱的阵容拖了欧文的后腿。

除了欧文之外，骑士的头号球星是安托万·贾米森，这位曾经的奇才"三剑客"成员，虽然尚有一战之力，但迫于伤病和年纪的增长，更多的时候作壁上观。球队主力中锋瓦莱乔，也因为伤病，早就不是当年跟随詹姆斯南征北战、捍卫克利夫兰禁区的"肉搏斗士"了。此外，除了特里斯坦·汤普森、丹尼尔·吉布森和卢克·沃顿，其余球员不过是上一年在"摆烂"途中淘换的"雇佣兵"。这支球队还内乱不断，球队新任主教练拜伦·斯科特并不擅长沟通调解球员间的矛盾，新老球员之间也缺乏沟通。

基于上述种种原因，骑士在2011/2012赛季战绩停留在21胜，仅比上一个"摆烂"赛季多赢两场。欧文的个人高光无法点燃辽阔且漆黑的旷野，在落寞与希望并存的复杂思绪中，欧文告别了自己的新秀赛季。

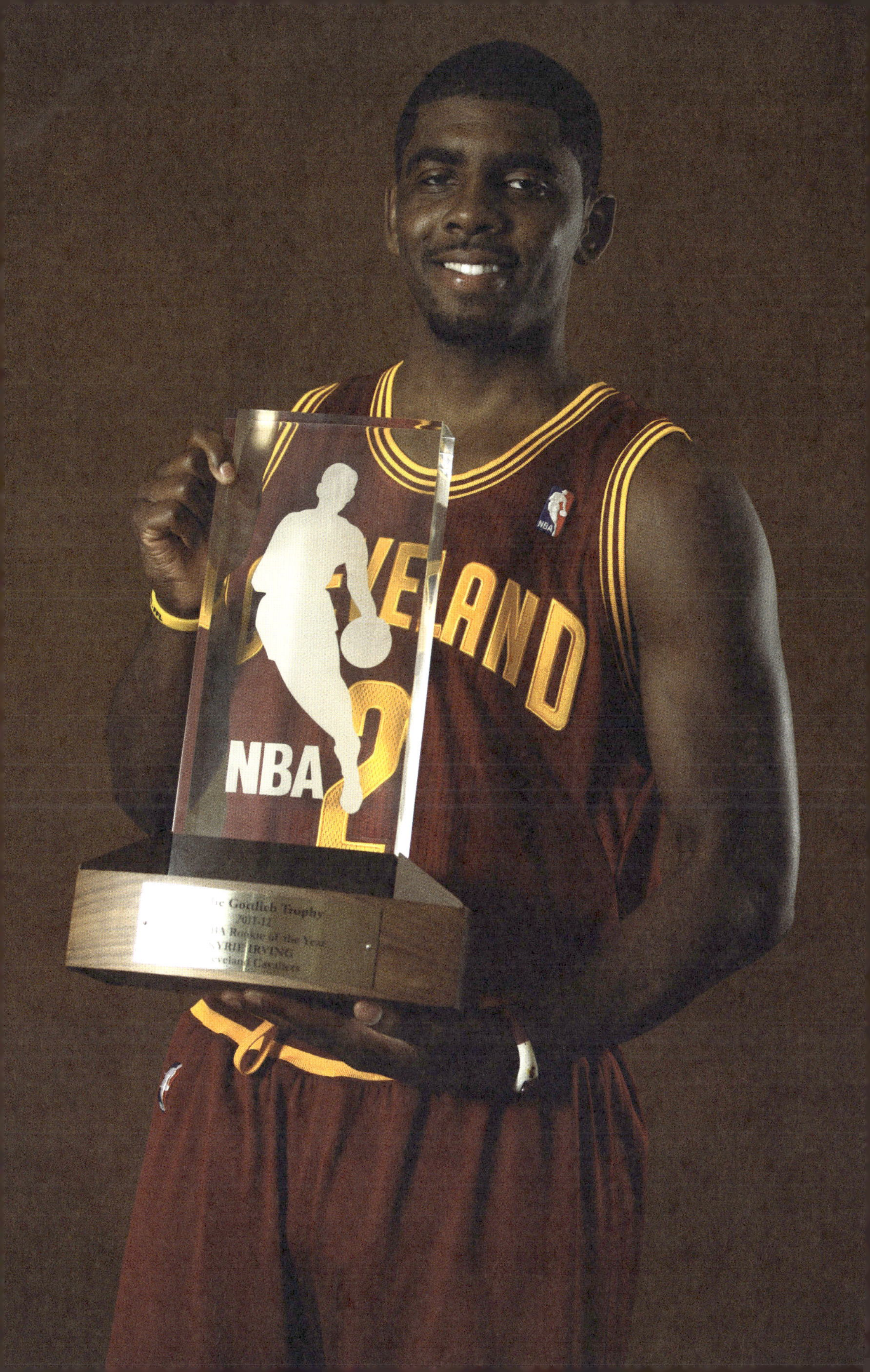
NBA
Gottlieb Trophy
2011-12
Rookie of the Year

仙锋正传　　　　　　　　　　　　　凯　里　·　欧　文

02 K 杀手初成

KYRIE IRVING

尽管克利夫兰骑士在2011/2012赛季的战绩依旧平平无奇，但是欧文的表现还是使骑士球迷眼前一亮，他们仿佛看到一颗冉冉升起的新星。虽然这个年轻人看起来谦虚而低调，但事实上，只要他持球上场，浑身上下就会氤氲着一层杀气。

一些媒体开始将欧文视为"詹姆斯接班人"。但是克利夫兰骑士球迷们却不乐意了，首先他们并不想让欧文成为"詹姆斯第二"（离开的戏码再次上演），再者，他们根本不认为欧文和詹姆斯有任何相似之处。

一位在速贷球馆服务过骑士的工作人员，与詹姆斯、欧文都近距离接触过，他这么评价二人："勒布朗和凯里待人都挺友好，但勒布朗比较在意自己失败后别人的评价，而凯里是那种'我要得分，不管三七二十一'的类型。"

2011/2012赛季，欧文就把在关键时刻勇于接管比赛的"大心脏"性格表露无遗。他在职业生涯第三场（骑士客场对战步行者）加时赛最后关头，接球直杀篮下，用一个变向绕开保罗·乔治的防守，压哨投篮，可惜皮球弹筐而出。虽然骑士加时落败，但作为一名仅仅打了三场的新秀，欧文的"大心脏"令人印象深刻。

四个星期后，骑士客场挑战波士顿凯尔特人，依旧是终场前最后一刻，斯科特教练再次把绝杀的任务交给欧文。欧文用一个轻盈转身杀入"绿衫军"内线，在哨响之前，左手一记挑篮命中，射出最后一发"子弹"狙击对手，完成了生涯第一次绝杀。

在接下来的38场比赛中，欧文又完成了三次绝杀：在达拉斯小牛客场作战的最后关头，他蝴蝶穿花般绕开对方三名防守队员，左手反手上篮得分；在面对萨克拉门托国王时，他又在最后0.4秒造成对手犯规，通过罚球终结比赛；对阵丹佛掘金，欧文独自一人带球纵贯整个球场，彻底撕裂对方的全场紧逼战术，轻松突至篮筐右侧，完成一记左手上篮绝杀。

欧文在新秀赛季之后，将"杀手属性"延续到休赛期的美国男篮训练营。

为了征战2012年8月的伦敦奥运会，美国男篮众星云集，科比、詹姆斯、杜兰特、安东尼与保罗等顶级球星组成了阵容豪华的"梦十队"。2012年夏天，美国男篮训练营

开启，欧文作为"梦十队"的陪练球员有机会与一干大腕儿同场竞技。

最令欧文兴奋的是可以遇见科比。彼时，初出茅庐的欧文直接走向科比发起"1对1斗牛"的约战，而科比显然并没有在意这位毛头小子的冒犯之举。欧文却喋喋不休，不仅以5万美金为单挑赌注，还出言挑衅科比："嘿，你是防不住我的！"

"黑曼巴"用调侃的语气化解了后生的挑战："我觉得你找我单挑之前，得回去跟你爸爸商量一下，我认识你爸爸，他会给你明智的建议。"

两人一番唇枪舌剑之后，此事不了了之。但江湖中却流传下这段传说，仿佛一位横空出世的天才少侠，向武林盟主公然亮剑约战，闻之便令人热血沸腾。

团队才是篮球的主旋律，单挑的戏码只是吉光片羽。虽然德雷德里克对于欧文挑战科比之举并不赞同，但一想起儿子敢于挑战联盟王者，还是颇为自豪与欣慰。

老大之争

2012 年 6 月底，骑士在 NBA 选秀大会首轮第 4 顺位选中"小韦德"迪昂·维特斯，这位攻守兼备的双能卫可谓才华横溢，但也拥有一颗比才华更强大的野心。

骑士的管理层希望维特斯成为辅佐欧文的最佳搭档，共同撑起克利夫兰的后场。

2012/2013 赛季拉开帷幕，事实却出乎意料。尽管骑士看起来兵强马壮，但战绩依然低迷，与此同时，欧文和维特斯还闹出了矛盾。

维特斯被骑士选中之前，与欧文已经相识将近七年。当维特斯来到克利夫兰之后，欧文也第一时间热情欢迎了这位老友，两人还连续几周在一起训练。

然而，随着 2012/2013 赛季的进展，原本亲如兄弟的欧文与维特斯却悄然出现裂痕，原因据说是"维特斯觊觎欧文的球队老大地位"。最初，在骑士主教练的斡旋之下，两

人表面上还算能过得去，但随着比赛的深入，欧文与维特斯之间很少出现默契配合。

2012/2013赛季结束，维特斯场均掠下14.7分，作为新人可谓不俗，但与场均贡献22.5分、5.9次助攻且入选全明星的欧文相比，还是倍显黯淡。

2013年休赛期，维特斯的骄傲与野心成了骑士的一颗定时炸弹。

新上任（2013年4月24）的骑士主帅迈克·布朗欲做"和事佬儿"，调和维特斯和欧文的矛盾。他在2013/2014赛季开始之前，宣布新赛季维特斯将和欧文一起先发，并尝试制订双人持球战术。对于布朗教练的努力，维特斯根本不领情，与欧文的矛盾反而越来越深，甚至激化到爆发的边缘。对此，一向温和的布朗教练也不免大动肝火，将维特斯贬为替补，而维特斯毫不示弱，随即要求骑士将其交易。

于是，骑士将维特斯摆上"货架"，但"维特斯与欧文老大之争"的传闻在NBA已经甚嚣尘上，没有球队愿意接受这个刺儿头。眼见出走无望，维特斯也开始服软，一改之前对欧文的态度，表示愿意做出牺牲，继续寻求化学反应。

到此为止，这场兄弟间"老大之争"的泡沫剧终于画上了句号。

当然这是后话，让我们先把目光聚焦在2012/2013赛季。

45

仙锋正传　　　　　　　　　　　　　　　凯 里 · 欧 文

04 K
三分之王
KYRIE IRVING

2012/2013赛季，骑士混乱到一度让欧文在球场攻防两端迷失自己。他的突破技巧逐渐被联盟之中的防守专家一一破解，伤病也拖慢了他的脚步。虽然欧文并非完全依赖速度取胜，但速度、体能毕竟还是对比赛有着决定性作用。

欧文在不断地状态起伏之后，经历了一系列混乱的内部斗争，还是逐渐找回自我，并开始将原本并不够稳定的中远投篮逐渐提升了上来——这对他的突破也颇有帮助，当欧文既能在三分线外射入篮球，又能快速启动超越对手时，欧文的进攻将变得极其难缠，对手也更难以判断他的下一个动作。

于是，精彩的"欧文比赛"轮番上演：

2012年12月16日，在骑士和尼克斯的比赛中，欧文在39分钟的上场时间里，爆砍41分、5个篮板及5次助攻，全能身手一览无遗的同时，更是刷新了职业生涯单场得分纪录。

转过年来，2013年1月5日，骑士客场挑战山猫，关键的第四节，欧文仅凭一己之力力挽狂澜，一人拿下了骑士最后18分中的16分，并用一记漂亮的中投完成绝杀。

1月27日，骑士客场挑战猛龙，欧文在最后0.7秒命中"准绝杀"球，骑士以99比98险胜猛龙，收获三连胜。

三连胜期间，欧文依次分别砍下40分、35分以及此战的32分，状态异常神勇。

1月29日，欧文当选东部周最佳球员，成为骑士继詹姆斯之后首位获得东部周最佳的球员，欧文还入选全明星东部替补阵容。

2013年2月17日，欧文在休斯敦全明星三分球大赛的第二轮决赛中投出23分，创当时历史第三好

成绩，战胜马特·邦纳（20分），捧起职业生涯的首座三分球大赛奖杯。在那个三分球时代还未到来的时候，欧文就展现出非常出色的远投功底，值得一提的是，欧文在三分球第一轮预赛中，间接击败了未来的"三分之王"斯蒂芬·库里。

那届三分球大赛预赛采取东西部对抗制，西部队的"红曼巴"邦纳（19分）、莱恩·安德森（18分）与斯蒂芬·库里（17分）三人一共投得54分；而东部队的欧文（18分）、保罗·乔治（10分）与诺瓦克（17分）三人一共投得45分。虽然在三分球大赛的预赛中，西部队取得胜利，但欧文比库里多投得1分，并代表东部队杀入决赛。

2012/2013赛季，欧文阅读比赛能力愈发成熟，球场视野以及掌控能力远超其他（二年级）同届新秀。他在运球到前场时能迅速解读对手的防守体系，并找出防守漏洞，给予对手致命打击。同时，他能在助攻队友还是自己进攻的两个模式上切换自如。

2012/2013赛季，欧文场均得分已经升至22.5分，还有5.9次助攻和1.5次抢断入账。并且，欧文在这个赛季有14场比赛的第四节得分上双，纵观整个NBA历史，也只有三位球员曾达成这一成就，看来，"末节之王"已经初露端倪。

然而，相较于个人数据的光鲜亮丽，欧文率领骑士在2012/2013赛季仅取得24胜58负，坠入"乐透区"的惨淡战绩以及过低的出勤率（因伤只出战59场），让欧文饱受质疑。那时的欧文身边没有得力的帮手，导致他过多陷入单打独斗，也被看成球风太独的表现。一时间，只有21岁的欧文背负了太多的东西。

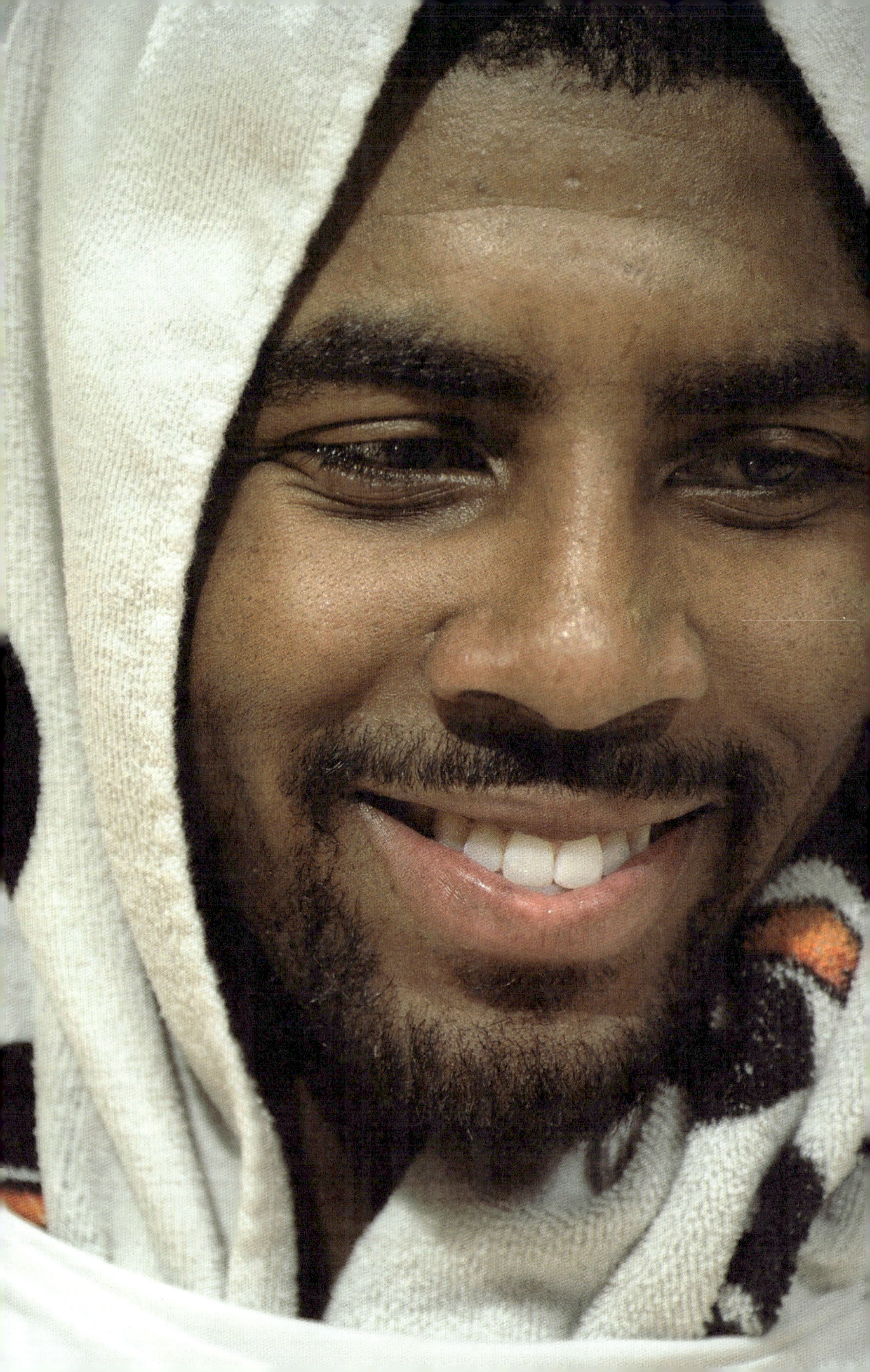

第二章
英雄少年

仙锋正传 / 凯里·欧文

仙锋正传　　　　　　　　　　　　　　　凯 里 · 欧 文

01 K 毁誉参半

KYRIE IRVING

虽然欧文在2012/2013赛季带队成绩不佳，但凭借个人优异的表现还是赢得一些专家的赞誉，其中ESPN专家霍林格认为欧文已经成长为联盟最高效的后卫之一。

欧文作为一个左右手能够娴熟控球、突破、得分的球员，还能在得分的同时帮助队友变得更好，他的切入经常利用变幻莫测的节奏晃开防守队员。除此之外，欧文在这个赛季的跳投也变得日趋精准，经常能够在比赛胶着时为球队提供稳定的得分输出。

欧文在防守端更加倾注心力，比起新秀赛季有了长足的进步。欧文身高1.88米，臂展1.93米，从静态天赋来看并不是NBA精英级别的防守者，但他可以利用出色的速度和敏捷性，加上准确的预判，能有效地遏制对位球员的进攻与得分。

即便欧文在攻守两端都有显著提升，但质疑之声却从没间断。一些严苛的媒体将骑士战绩的低迷也归咎于欧文，他们认为欧文不是一名合格的领袖，甚至还处理不好与身边队友（维特斯）的关系，维特斯始终有一颗抢班夺权的野心，他一直认为自己能力强于欧文，并不甘心辅佐这位克利夫兰少主。

欧文的窘境不止于此，对比詹姆斯（上一任克利夫兰骑士的领袖）在骑士打完前492场比赛才缺席20场，欧文仅在第二个赛季就相继因为右肩扭伤、手指骨折、下巴骨裂等各种伤病缺席了23场，还是显得"脆弱"了一些。

欧文曾试图带动队友一起为球队谋求胜利，但未见起色，毕竟"巧妇难为无米之炊"，他身边的队友得分能力有限，仅有维特斯攻击力尚可，还时刻想着抢班夺权。

虽然欧文在防守端已经有了显著的进步，但相比于那些防守精英而言还是缺少经验和韧性。比赛中，每当骑士到了关键时刻的防守回合，拜伦·斯科特教练就要针对防守来布置阵容，将欧文换下，换上塞申斯。由此可见，欧文还未达到优秀领袖所应具备的攻防一体。

根据统计显示，骑士有欧文在场，每100回合就要多丢5.0分，因此在球队需要防守的时候，塞申斯更容易获得教练的信任。

还有一个问题，比起控球后卫，欧文更像一个得分后卫，那时的他组织助攻的能

力还未达到生涯后期那般圆润自如,所以他传球远不如得分技艺精湛。欧文的助攻率在2012/2013赛季仅仅排到联盟第 58 位。尴尬的是,欧文没有能够高效地串联组织队友的进攻,而球权却又长期在他手中,让对手防守起来更加有的放矢。

　　骑士本来就进攻乏术,加上主教练斯科特缺少丰富的战术布置以及临场应对经验,欧文就成为这支进攻弱旅中唯一的"大杀器"。所以,欧文只能靠不断得分来维系骑士的基本盘,在那些风雨如晦的岁月里,默默地率领骑士前行。

　　随着 2012/2013 赛季结束,关于欧文的质疑声也逐渐消弭。

　　2013 年休赛期,克利夫兰的球迷们又开始畅想骑士的下一个赛季。无论媒体怎样质疑,那些球迷都坚信欧文已经交出足够好的答卷,虽然还有些不足,但对于这位只有 21 岁的年轻人而言,未来还是有着无限的机会去改变与完善。

仙锋正传　　　　　　　　　　　　　凯　里·欧　文

02 K 蜕变开始
KYRIE IRVING

2013年休赛期，克利夫兰骑士努力围绕欧文打造一支球队，辞退了主教练斯科特，请回了迈克·布朗（布朗性格随和，有利于和当家球星欧文处好关系）。骑士又签下整整两个赛季都在养伤的"小鲨鱼"安德鲁·拜纳姆，期望他代替瓦莱乔重筑骑士内线的钢铁防线。此外，骑士还在2013年选秀大会上选中"状元"安东尼·本内特。

2013年10月24日，骑士开始执行欧文合同里的第四年球队选项，并郑重承诺，欧文两年来终于有所回报，他在骑士的核心地位终于无法被撼动了。

当然，这一切都源于欧文在近两年不断展现出来的篮球天赋，虽然前两个赛季骑士的低迷战绩和欧文的频繁伤病，让克利夫兰人心存疑虑，但是考虑到欧文只有21岁，而且他在场上不断进步以及在场下苦练不辍，让骑士依旧相信欧文会在生涯的第三个（2013/2014）赛季迎来大爆发。

2013/2014赛季终于拉开帷幕。的确，欧文在该赛季迎来了蜕变。

2013年11月10日，骑士坐镇主场迎来与76人的二番战。由于前一天不敌76人，欧文的光芒被迈卡威掩盖，所以这次在主场，欧文志在"复仇"。他在上半场就轰下14分，并送出5次助攻，末节更是独砍13分，将比赛带入加时赛。

双方鏖战至第二个加时赛，最后五秒钟，欧文突破上篮得手，在最后0.6秒完成绝杀，率领骑士以127比125险胜76人。欧文全场33投15中，砍下39分，还送出12次助攻，更在与76人新星迈卡威的连番对决中笑到了最后。

此后风云突变。11月14日，骑士对阵森林狼，遭遇一场29分的大败。

作为球队的领袖，欧文决定承担责任，但维特斯愤愤不平，他认为骑士把欧文放在"头牌"位置上是一个错误，他自己在攻防两端竭尽全力，却始终被排在欧文的身后。

维特斯和欧文都是持球进攻手，擅长有球在手，所以维特斯不愿做在球场上来回折返跑的无球投手，而且他的接球进攻效率一般。维特斯自视拥有不逊欧文的得分创造力，但场均却少于欧文6.6次出手权……这些让心高气傲的维特斯意难平。

欧文知道维特斯心中的不满，他一直努力平复"好兄弟"心中的怨气，并尝试在球

场上多给维特斯做球，让后者能够轻松投篮。但维特斯却根本不买账，他觉得自己拥有和欧文比肩的篮球才华，并不甘久居他人之下。此时，"和得一手好稀泥"的布朗教练从中调和，暂时平息了维特斯与欧文之间的矛盾，让骑士重新走上正轨。

2013年11月17日，欧文在对阵奇才的比赛中里突外投，一人打爆奇才，最终全场砍下41分，带领球队以103比96将华盛顿人斩落马下。

12月27日，骑士对阵老鹰，欧文狂揽40分、9次助攻、4次抢断，成为骑士队史上自詹姆斯之后第二位单场轰下如此数据的球员。虽然欧文火力全开，无奈一众队友不够给力，在经过双加时苦战之后，骑士还是输给了老鹰。

2013/2014赛季，本来被骑士寄予厚望的两大内线——"状元"大前锋本内特与"小鲨鱼"中锋拜纳姆，竟然成为"卧龙凤雏"般的存在。

拜纳姆仅为骑士出战24场，场均贡献8.4分、5.3个篮板之后，便因为场外作风问题被骑士禁赛，并在2014年1月7日被骑士作为交易筹码，加上3个选秀权，从公牛交易得到小前锋罗尔·邓。本内特更用实际行动证明自己是"水货状元"，在生涯前四场创下15投0中的尴尬纪录。

在队友低迷的逆境下，欧文不得不拔剑而出，冲锋陷阵。2014年1月24日，欧文凭借在2013/2014赛季上半程的出色表现，入选新奥尔良全明星赛的东部首发名单。

03 星宴夺魁

2014年2月17日，新奥尔良全明星赛如期而至，欧文首发出场。比赛前三节，东部明星队一直被发挥出色的西部明星队压制，杜兰特和格里芬表现抢眼，一度带领西部领先东部18分。第三节末段，不甘落后的东部打出一波18比3的攻击波，将分差缩小。进入第四节，开始还以娱乐为主的明星们，开始真刀真枪地对决。

比赛关键时刻，又到了欧文的表演时间，他先用一记助攻帮助安东尼命中三分球，锁定4分的领先优势，然后詹姆斯的一记上篮则帮助球队彻底锁定胜局。

最终东部队以163比155击败西部队，欧文成为耀眼的"星中之星"，17投14中，其中三分6投3中，全场贡献31分、14次助攻，荣膺本届全明星MVP。

其中欧文在下半场一个人就袭下24分，送出7次助攻，第四节更是独砍15分，还有4次助攻入账，复制了艾弗森在2001年全明星赛率领东部队"绝地大逆转"的经典戏码，让西部队的格里芬与杜兰特双砍38分，成了"陪衬"。

这是欧文第一次以首发身份参加全明星赛，也是他的第二次全明星之旅，他力压群星捧得MVP奖杯，在论资排辈的全明星赛史上书写了"年少成名"的奇迹。

欧文在赛场上所展现出的敏捷脚步、鬼魅运球、奇思妙传，甚至在关键时刻"大心脏"的精准投篮，都令群星折服。东部队的绝地反击，就是来自他的引领与策动。

对于在自己的第二次全明星比赛中就拿到MVP，欧文表示："对于我来说这是一个特殊的时刻，能够与这么多优秀球员同场竞技，这种感觉非常特别。"

在这次全明星之旅上，欧文还有一个特别的收获——他与他未来的队友詹姆斯结下了深厚的友谊，其实两人早在詹姆斯自己的技巧训练营中就相识了，但是两人还不是很熟悉，这次全明星赛令他们之间的关系紧密了起来。

而欧文在全明星赛上的惊艳表现，最大的作用是为以后詹姆斯的回归铺平了道路——勒布朗觉得欧文是一个值得信赖的年轻人，有着超凡的一锤定音的能力！

NBA ALL-STAR
MVP
KIA
E
EAST
NBA
KIA
2014
NBA ALL☆STAR GAME
MOST VALUABLE PLAYER

仙锋正传　　　　　　　　　　　　　　　　凯 里 · 欧 文

04 K 庸帅误国

KYRIE IRVING

2013/2014赛季，随着赛事的推进，欧文的表现越发老辣而成熟，甚至开始不断贡献"大O"一般的全能表现：2014年3月1日，在骑士主场对战爵士的比赛中，欧文全场出战39分钟，砍下21分、10个篮板以及12次助攻，职业生涯首度拿下三双，比赛风格也从专注得分向全能型领袖发展。

2014年4月6日，骑士对战山猫，欧文再度爆发，全场31投16中，砍下44分、7个篮板、8次助攻、3次抢断，全能表现的同时，更是刷新了自己单场的得分纪录。

2013/2014赛季战罢，欧文出战71场（生涯3年出勤率最高的一个赛季），场均贡献20.8分、3.6个篮板、6.1次助攻和1.5次抢断，表现可圈可点。此外，欧文率领骑士取得33胜49负，虽然较上赛季多赢9场，却仍无缘季后赛。

骑士战绩裹足不前，新主教练迈克·布朗难辞其咎。

其实骑士的前主教练斯科特不过是骑士"摆烂"战绩的替罪羊。那两个赛季，骑士一心"摆烂"拿到高顺位的新秀，欧文在前两个赛季的快速成长和斯科特教练密不可分。

56

迈克·布朗教练师承波波维奇，在防守端也算颇有建树，虽然职业生涯依靠詹姆斯拿到过"最佳教练"，但布朗教练盛名之下，其实难副。

彼时的布朗还没有经历长达 6 年勇士助教生涯的磨炼，在进攻端的战术选择可谓相当匮乏。因为常年来和詹姆斯、科比这些超级巨星相伴，布朗教练唯一体现出来的价值就是"愿意聆听核心球员的意见"，他在比赛紧要关头所布置的一个最著名的战术，其实归根结底也就是一句话："所有人拉开，给詹姆斯（或科比）单打！"

这样的战术看似给了当家球星十足的空间，却因为没有合理的战术体系支撑，当家球星只能靠着临场经验和能力来打赢比赛，消耗加剧，长此以往，伤病自然也就找上门来。

布朗执教湖人时期，科比遭遇了职业生涯最严重的伤病，至于天生神力的詹姆斯，虽然伤病并不是很多，但他也无法容忍布朗毫无作为的战术安排。

与布朗相比，连看起来"毫无作为"的前任教练斯科特都算得上战术大家，布朗的战术板上翻来覆去的那几个战术，没几场比赛，就被对手了然于心。

2013/2014 赛季，欧文就在战术匮乏的逆境下，独自率领骑士默默前行，取得 33 胜排名东部第十的战绩，虽然依然无法叩开季后赛的大门，但还是看到了一丝曙光。

2014 年的那个夏天，一个重磅消息改变了欧文和骑士的命运，甚至也改变了整个 NBA 未来 5 年至 10 年的进程，也将欧文的 NBA 生涯重新改写。

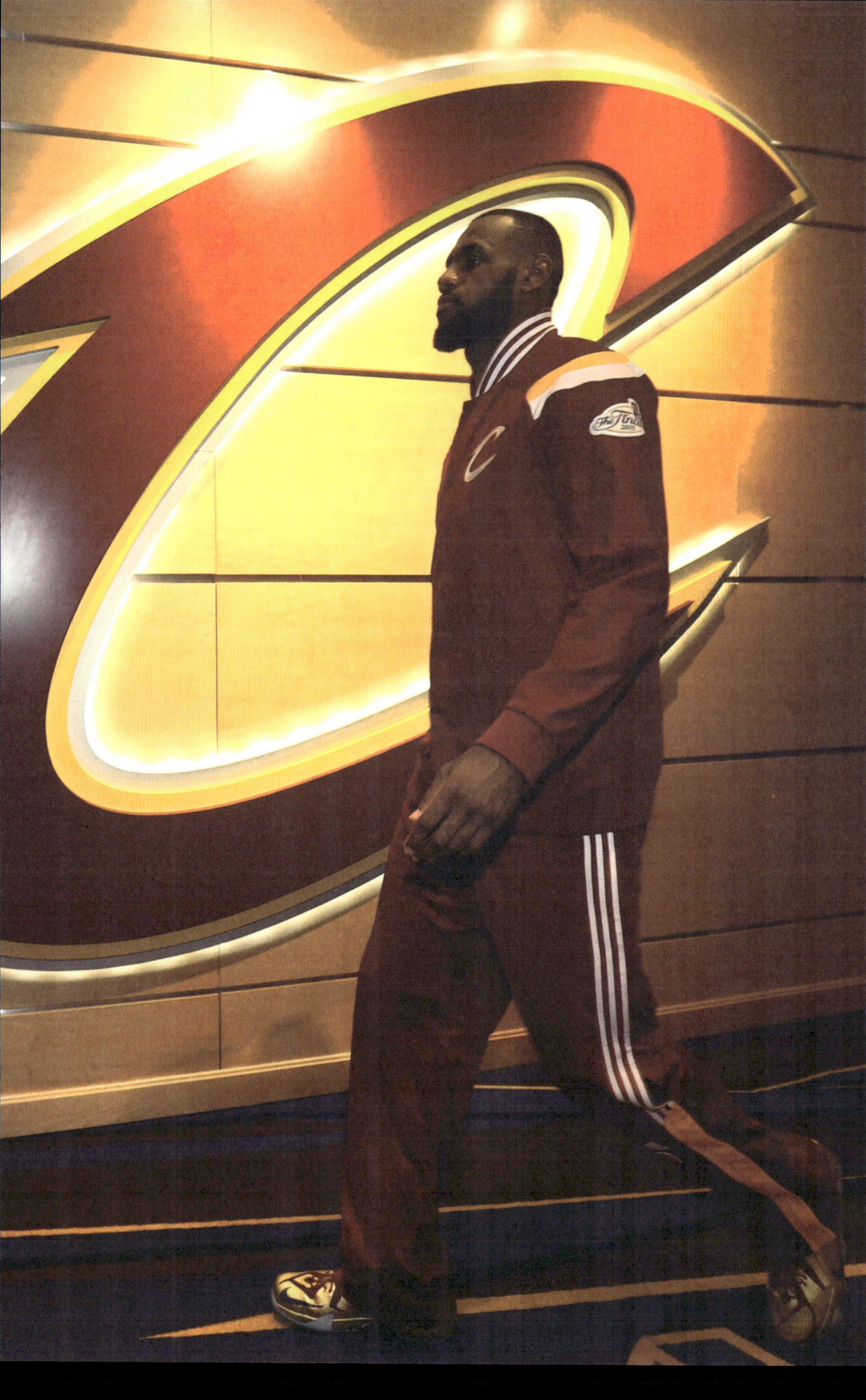

第三章
"皇帝"归来

仙锋正传／凯里·欧文

01 决定回家

2014年7月12日，詹姆斯在《体育画报》上发表了一封公开信，宣布重返克利夫兰骑士，这个重磅消息一经公布，便再一次引起NBA的剧烈震荡。

詹姆斯决定回家，首先从2014年总决赛说起，热火和马刺连续第二年顶峰相见，2013年总决赛双方"火星撞地球"般七场大战的硝烟还未散尽，让这次对决更加令人期待。期待"GDP+伦纳德"与迈阿密"三巨头"联袂上演更加震撼的史诗对决。

然而，总决赛的结果出乎意料，马刺以4比1轻松击败了热火。

2014年总决赛，詹姆斯没能打出2013年总决赛第六场那种力挽狂澜的决绝。韦德随着年龄的增长与伤病的加重，已不再是飞天遁地的"闪电侠"，波什状态也一直在下滑，其他角色球员实在乏善可陈，詹姆斯在2014年总决赛中陷入深深的无力感。

第五场比赛结束之后，热火被马刺击败，无缘卫冕总冠军。詹姆斯回到更衣室，却发现热火众将平静如常，有些球员甚至在为连续四年杀入总决赛而沾沾自喜。在那一刻詹姆斯已萌生去意，也许再回克利夫兰骑士是一个不错的"决定"。

詹姆斯在2010年离开克利夫兰，背负上背叛的名声。如果2014年他不续约热火，无论去哪里都会被认为是二次背叛，唯独回克利夫兰骑士，才能完成名誉上的救赎。

经历四年热火生涯，詹姆斯已经手握两枚总冠军戒指与两座总决赛MVP奖杯，以胜利者的姿态登上联盟顶端，这位阿克伦的孩子是时候回家了。衣锦还乡，回到克利夫兰骑士继续追寻自己在当年未竟的梦想——为家乡带来一座总冠军奖杯。

2014年7月6日，昔日克利夫兰最亲密的队友"大Z"伊尔戈斯卡斯和骑士老板吉尔伯特登门拜访，打消了詹姆斯回家的最后一丝疑虑。

虽然吉尔伯特在上次詹姆斯离开克利夫兰骑士时曾经口诛笔伐。但这次会面，吉尔伯特表示不管之前发生过什么，都应该学会忘记，要向前看。最后吉尔伯特告诉詹姆斯，克利夫兰的球迷都在翘首等待他们的"皇帝"回家……

詹姆斯也被吉尔伯的特诚意所打动，加快了回家的步伐。

与此同时，为了迎接"皇帝"回家，骑士开始"扫榻"：炒掉了战术布置一塌糊涂

第三章／"皇帝"归来　　　　　　　　　　　　　　Kyrie Irving

的主教练迈克·布朗，让伊尔戈斯卡斯进入球队管理层。

当詹姆斯看到吉尔伯特一系列快刀斩乱麻的行动时，回乡的情绪就愈演愈烈了，而当詹姆斯以欧文为首的骑士青年才俊们见面时就已经下定决心归来。

呈现在詹姆斯眼前的欧文，让他觉得正是自己寻找的最佳搭档——这个当时20岁出头的青年人，浑身充满着能量和自信，他敢于在比赛最紧张的关头一锤定音，有着无与伦比的"大心脏"，这让詹姆斯想起了当年的韦德。不仅如此，欧文娴熟的左右开弓技巧和高人一筹的球商更让詹姆斯赞叹不已。

而此时骑士不只有欧文，他们刚刚在2014年NBA选秀大会选中了另一位天赋异禀的"状元"安德鲁·威金斯，加上2013年"状元"本内特以及2011年"状元"欧文，彼时的骑士可以说是东部天赋最高的球队之一了。

詹姆斯终于下定决心，在2014年7月12日正式宣布重回家乡球队克利夫兰骑士。同时詹姆斯表示，虽然决定回家了，但是迈阿密永远是他的第二故乡，而且离开那帮兄弟的选择是非常艰难的，但他渴望为骑士、为自己的家乡带来一座总冠军奖杯。

骑士老板吉尔伯特在社交媒体表示欢迎："欢迎回家@国王詹姆斯。我为克利夫兰的球迷感到高兴，没有人比他们更值得拥有一座总冠军奖杯了。"

仙锋正传

凯里·欧文

惊现三巨头

KYRIE IRVING

2014年休赛期，詹姆斯重回克利夫兰骑士无疑是最重磅的消息。

詹姆斯确实对这支年轻的骑士十分看好，同时表示："欧文，他是回归的原因之一，我认为他可以成长为这个联盟最优秀的控卫。"

詹姆斯归来，让骑士的实力大增，为了打造一支争冠级别的球队，2014年8月，克利夫兰骑士将新科"状元"威金斯和上届"状元"本内特（加上2015年选秀权）一起送去森林狼，换来"25+10"级别的全能大前锋——凯文·乐福。

乐福曾在森林狼夺得篮板王，并荣膺进步最快球员奖。2010年11月13日，森林狼迎战尼克斯，乐福豪取31分、31个篮板，成为NBA自1982年摩西·马龙之后首位单场交出"双30"的球员。2011年3月8日，乐福又刷新摩西·马龙单赛季连续50场两双的纪录，是联盟不折不扣的"两双机器"，此外，他还夺得过三分大赛冠军。乐福擅长抢篮板与三分投射，他的到来，让骑士如虎添翼。

至此，克利夫兰的"骑士三巨头"（詹姆斯、欧文和乐福）横空出世，可谓东部最强三人组。骑士因此一跃成为争夺总冠军的大热门。

新赛季目标锁定总冠军的骑士后续动作不断，不但招募来麦克·米勒这样的关键射手与肖恩·马里昂这样的全明星级全能战士，还将约翰·卢卡斯三世、埃里克·墨菲等拥有一定即战力的球员招入麾下。

第三章 /"皇帝"归来　　　　　　　　　　　　　　　　Kyrie Irving

骑士新赛季的整个阵容已经成型——詹姆斯作为持球大核心，统领内外双线的攻防。欧文坐镇外线，突破、投篮、分球都是他的拿手好戏，身侧有维特斯这样的单打高手，替补席上还坐着德拉维多瓦这位澳大利亚籍防守骁将。内线由瓦莱乔、特雷斯坦·汤普森镇守，还有火力覆盖半场的乐福。骑士阵中还埋伏着米勒、琼斯这样的三分球高手，及马里昂这样的六边形全能战士，"骇客"（马里昂）虽然年事已高，但更加老辣，这些人能在攻防两端为"骑士三巨头"提供足够的支援。

某种意义上，詹姆斯看到了年轻版的"热火"——欧文的终结能力与年轻的韦德比起来各有千秋，乐福就自不必说了，在那之前的一个赛季远超表现低迷的波什。

骑士任命大卫·格里芬为球队总经理，聘请大卫·布拉特这位欧洲名帅来执教球队。在来到骑士之前的那个赛季，布拉特刚刚带领以色列特拉维夫马卡比夺取欧洲篮球联赛冠军。此外，他还曾在 2007 年率领俄罗斯队夺取男篮欧锦赛冠军。

詹姆斯的归来让整个克利夫兰沸腾，媒体没有放过欧文，围着这个年轻的骑士领袖提出了"詹姆斯回归之后，你与詹姆斯谁是领袖""你觉得这个赛季能继续上一年的表现吗""詹姆斯回来后要占用很多球权，你怎么看待"等敏感话题。

欧文回答得不疾不徐："勒布朗从来没有离开过克利夫兰，他一直都是这支球队的领袖。"即便如此，敏锐的媒体依然看到了欧文的郁闷。

一些媒体开始揣测："詹姆斯重返骑士或许并不在欧文的计划之中，詹姆斯重返骑士之后，欧文将在很多数据统计方面有所下降，因为欧文喜欢控球和持球。众所周知，詹姆斯是掌握骑士球权的'持球大核心'，欧文会在控球方面减少戏份。"

2014/2015 赛季之初，众星云集的骑士并没有展现出应有的实力。

欧文与詹姆斯几乎包揽了骑士的所有持球与开火权，"第三个巨头"凯文·乐福只能在球场上做折返跑。欧文和詹姆斯一起进入联盟持球率榜的 TOP15，彼时大家都认为，欧文喜欢粘球的风格让骑士"三巨头"的磨合迟迟见不到效果。

虽然，詹姆斯已经手握两冠与两个总决赛 MVP，以联盟第一人之姿回到克利夫兰，但作为之前骑士力捧的少主，欧文并没有因此就甘心交出球权，这不仅因为欧文喜欢有球在手——这是他的风格，还因为欧文在詹姆斯归来的这个夏天在国际篮坛上大放异彩，以（男篮）世界杯 MVP 的身份回归 NBA，心气自然高了几分。

03 世界杯加冕

KYRIE IRVING

2014 年 8 月 30 日，篮球世界杯在西班牙开幕。作为"世界男篮锦标赛"改制后的首届世界杯，可谓万众瞩目。

此届美国男篮虽然没有当时的超级大腕儿压阵，却云集了今后十年叱咤 NBA 的众多超新星，其中包括斯蒂芬·库里、詹姆斯·哈登、凯里·欧文、克莱·汤普森、安东尼·戴维斯、德玛尔·德罗赞等青年俊彦，史称"梦十一队"。

即便"梦十一队"众星云集，欧文依然是最为闪耀的一位，他身披 10 号战袍，白马银枪加入无人之境，在此届杯赛（9 场比赛）场均贡献 12.1 分、3.6 次助攻、1.9 次抢断，投篮命中率为 54.4%，三分球命中率高达 60.9%。

2014 年 9 月 15 日，男篮世界杯决赛打响。美国男篮以全胜的战绩进入决赛，迎战他们的是欧洲年轻劲旅塞尔维亚男篮。此战，塞尔维亚队虎头蛇尾，只打了前 3 分钟的好球，此后美国队在欧文的带领下火力全开，完成反超，胜负也早早失去悬念。

最终，美国男篮以 129 比 92 击败塞尔维亚男篮，夺得 2014 年男篮世界杯冠军。欧文在决赛中 13 投 10 中，三分球 6 投全中，砍下 26 分、送出 4 次助攻，荣膺首届男篮世界杯 MVP。

在 2014/2015 赛季之前，欧文在国际赛场扬名立万。而此时的联盟也进入了"后卫"的新纪元，势若奔雷的威少、三分线外神准的库里、凛冽肃杀的利拉德、突破如妖刀的沃尔，以及肯巴·沃克、凯尔·洛瑞……而欧文无疑是其中的佼佼者。

欧文在 2014/2015 赛季，通过一系列的比赛脱颖而出，与库里、威少两大控卫并驾齐驱。

2014 年 11 月 15 日，骑士客场挑战凯尔特人，尽管隆多全场贡献 16 次助攻，但欧文不遑多让，

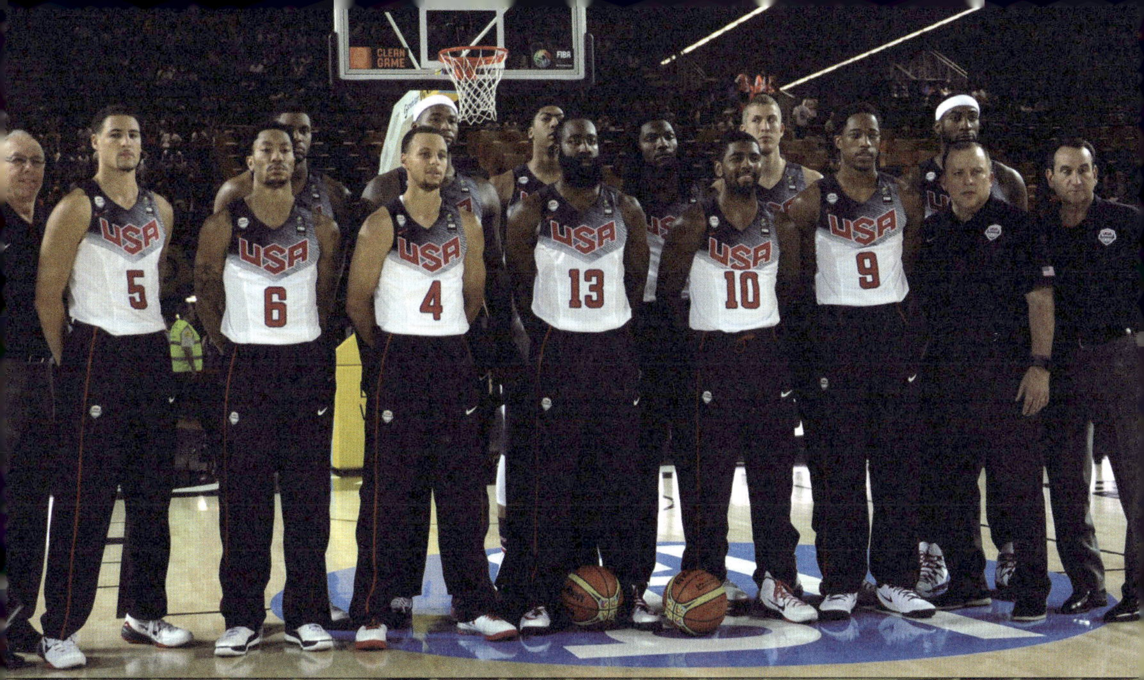
CLEAN GAME
FIBA
USA
5
6
4
13
10
9

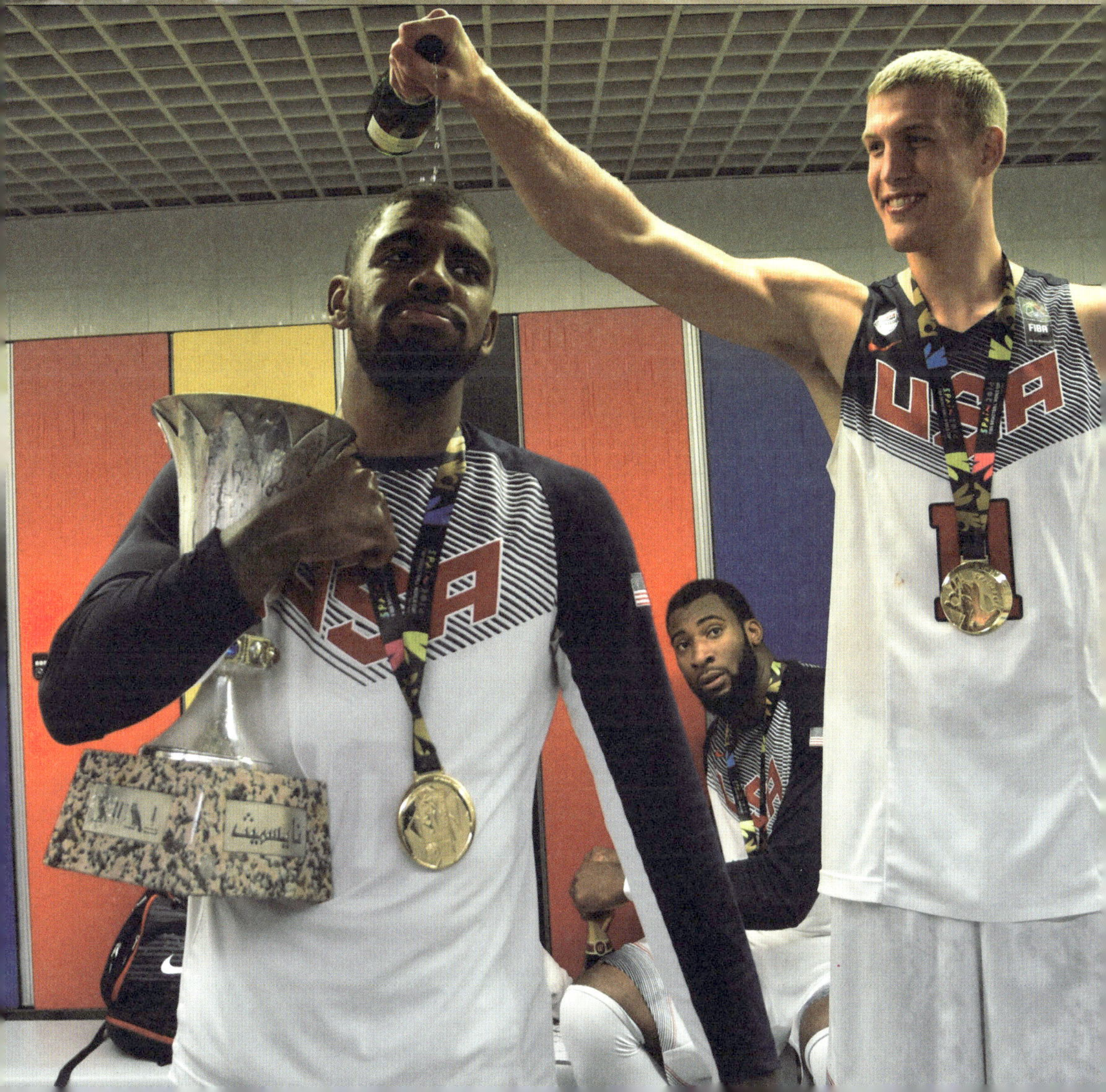
USA
FIBA

他在末节贡献 15 分，率领骑士完成 17 分的大逆转，以 122 比 121 险胜对手，两位风格迥异的（欧文与隆多）顶级后卫直接较量，欧文笑到了最后。

其中第四节，欧文火力全开，在最好的外线防守队员隆多面前连续命中 3 记三分球，随后他又在三分线上再次造成凯尔特人犯规，并稳稳地三罚命中。短短 3 分钟里，欧文一人就贡献 14 分，让凯尔特人的 17 分优势顷刻间荡然无存。

欧文表现出色，大有与詹姆斯平分秋色之势，但"三巨头"领衔下的骑士并没有打出账面上那样摧枯拉朽的比赛，以 5 胜 7 负的开局让人大跌眼镜。

骑士表现低迷的原因除了孱弱的防守之外，还缺乏一个明确的核心。由詹姆斯与欧文轮流持球组织，导致骑士在进攻端有些混乱，全队就"进攻主导权"发生了分歧。

在詹姆斯到来之前，欧文一直是骑士的老大，而且作为冉冉升起的世界杯 MVP，欧文对于主导球权有些执念在所难免。但实践证明，由詹姆斯掌控球权的分配，欧文和乐福则作为球队的第二号、第三号攻击点，这样的骑士在进攻端才更加井然有序。

欧文很快调整好心态，欣然接受作为詹姆斯身边的王牌得分手这一角色，因为欧文"有无球能力"兼备，少了串联与策动队友的重任，更能展现他那"进攻万花筒"般全面的得分才华，更能在进攻端全力释放自己无坚不摧的凶猛火力。

在欧文心路的转变历程中，骑士主教练布拉特可谓功不可没。这位在欧洲驾驭过无数球星的名帅对欧文（角色转变中）的情绪化进行了安抚，并把"篮球之神"乔丹搬了出来。他对欧文谆谆教导："1984 年刚进联盟之时，乔丹也常常因为自己的天赋异禀而盲目自信，后来他取得无与伦比的成就，就是经历了从自私到忘我的蜕变。"

布拉特的话触动了欧文，后者开始转变自己的打法，毕竟他想要赢球，迫切想要在季后赛证明自己，甚至要一吻总冠军金杯，尝一尝总冠军的滋味。

无可质疑的是，詹姆斯作为联盟第一的持球大核心，更能胜任骑士的"操盘手"，在他运筹帷幄之下，骑士很快就进入正轨。欧文也看到了詹姆斯给球队带来的巨大改变，为了取得更多的胜利，欧文变得更加成熟和包容，学会了放弃与合作，此时的他，心中常怀父亲德雷德里克对自己的期待——进入 NBA，拿下总冠军。

xfinity
TD GARDEN
CLEVELAND
2
13
xfinity
xfinity
ENJOY THE SPORTS APP RIGHT ON YOUR TV
ENJOY THE SPORTS APP RIGHT ON
8:59
TD Bank
Free Daily Fantasy Sports at DraftKings

仙锋正传　　　　　　　　　　　　　　　　　　　凯　里　·　欧　文

04 K 连飙狂潮

KYRIE IRVING

时间来到2015年，骑士开始步入正轨，从1月16日至2月6日，一度豪取12连胜，成为联盟最炙手可热的球队之一。欧文表现出色，完成了角色转换，因为他知道骑士在詹姆斯的掌控下才能赢得更多的比赛，甚至是总冠军。欧文谦虚地表示："这是一个学习的过程，我很高兴在这支球队中学习成长。"在詹姆斯身边，欧文受益良多，在詹姆斯因伤缺阵的两周内，欧文更是承担起领袖的责任，屡次上演单骑救主的大戏。

2015年1月28日，骑士对阵活塞一度落后17分。球队在第三节陷入得分荒，危急时刻，欧文挺身而出，里突外投，一人独得8分，率领骑士将分差缩小到5分。第四节，欧文更是独自取下16分，最终率队艰难完成逆转。

1月29日，骑士背靠背迎来利拉德领衔的开拓者，詹姆斯因伤高挂免战牌，独挑大梁的欧文开场连续7投不中，直到首节末段才命中一记三分球，从此一发不可收，在首节最后的1分39秒内独砍11分，率队取得12分的领先。第二节，欧文手感持续火热，5投全中，单节狂砍16分，半场过后，他已将28分收入囊中。

下半场欧文继续狂飙，第三节他又砍下11分。第四节比赛还剩6秒，欧文贴着巴图姆的防守命中了一记准绝杀，在他落地时面如平湖，并轻轻吹灭手中那似乎还飘着的一缕"枪烟"，似乎比对面的"夺命判官"利拉德还要冷酷凛冽。

此战欧文以一己之力率领骑士99比94险胜开拓者，他全场36投17中，其中三分球19投11中、罚球10罚全中，狂砍个人新高的55分，还贡献4个篮板、5次助攻。此外，欧文在此役的出手数、进球数、三分球出手数、三分球进球数都创下个人职业生涯新高，同时他还刷新了骑士球员的单场三分球命中数纪录。

欧文还成为NBA历史上第四位在全队得分没有超过百分时个人得分50+的球员，另外的三位分别是麦肯（61分）、詹姆斯（56分）以及乔丹（56分）。

此场战罢，一片哗然，欧文强大的得分爆炸力震惊了整个联盟，但他的得分盛宴还没有结束，一个多月后，他在马刺主场上演了更加疯狂的得分表演。

05 K

巅峰之战

KYRIE IRVING

2015年2月27日，骑士在主场110比99力克勇士，欧文带着肩伤作战，17投仅6中，依靠罚球（10罚全中）贡献24分。虽然欧文手感不佳，但他与队友联手，封锁了库里的进攻线，让如日中天的"萌神"出现连续打铁的罕见失准，在上半场7投4中，得到14分，在下半场10投仅1中，第四节更是4投不中，颗粒无收。

此次，欧文与库里直接对话，"美如画"比"超级准"稍胜一筹，欧文笑到最后。

2015年3月13日，骑士做客圣安东尼奥，挑战上届冠军马刺。面对这支在上个赛季将迈阿密"三巨头"版的热火打到崩盘的"黑铁王师"，詹姆斯充满复仇的渴望，而骑士"三巨头"也迫切需要证明自己，双方打出了一场足以载入史册的高光之战。

圣安东尼奥马刺这边群星闪耀，"法国跑车"帕克砍下31分、6次助攻，伦纳德得到24分、9个篮板，邓肯贡献18分、11个篮板、8次助攻。

克利夫兰骑士这边也不遑多让，"小皇帝"詹姆斯贡献31分、5个篮板、7次助攻，然而这些闪烁的群星在那一夜却成为（狂揽57分）欧文的配角。

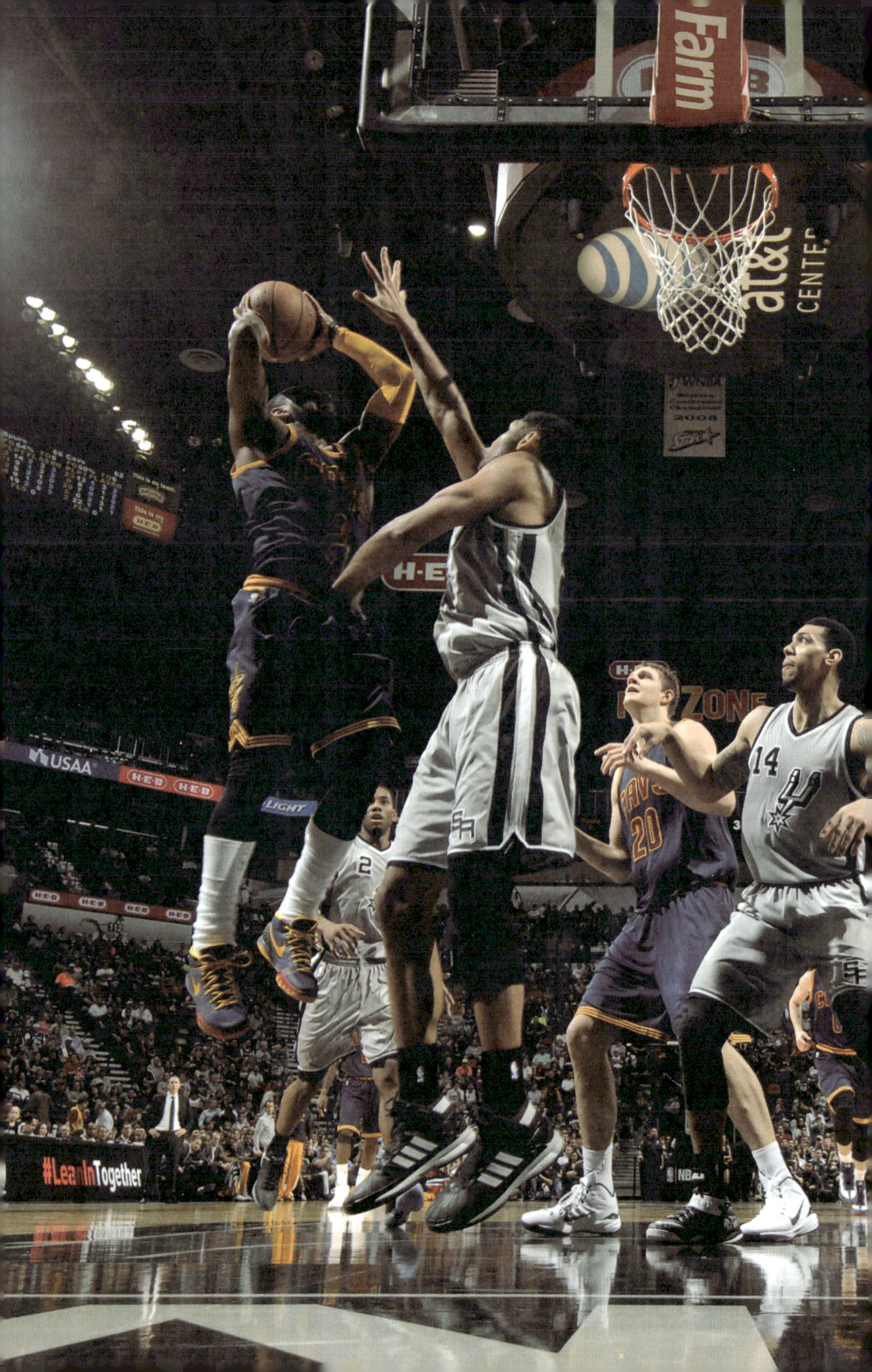

Farm
at&t
CENTER
H-E-B
USAA
#LeanInTogether
CAVS
20
14
2

首节，马刺依靠替补阵容中迪奥和米尔斯的相继爆发，才得以 31 比 30 暂时领先。第二节，马刺开始发挥团队作战和对节奏把控的优势，骑士逐渐落入下风，欧文在逆境中率先杀出，一波 12 分的个人得分狂潮，一度率骑士反超。马刺不甘示弱，凭借邓肯老夫聊发少年狂，飞身劈扣造犯规，以 64 比 62 的微弱优势进入下半场。

第三节比赛依然焦灼，但马刺一路领先，三节战罢比分为 84 比 79。

第四节还有 4 分 57 秒时，骑士只落后 4 分。邓肯两罚两中之后，格林投中三分，马刺一举以 105 比 95 取得了两位数的优势。危急时刻，欧文先是打三分，紧接着外线飙中远射。比赛结束前 31 秒，还是欧文三分命中，将比分迫近为 107 比 110。

随后，帕克跳投不中，伦纳德抢到进攻篮板被犯规，这位新科总决赛 MVP 居然两罚不中，留给骑士最后一线生机，欧文随即笑纳，命中绝平三分球，将比赛拖入加时赛。

加时赛，马刺的伦纳德率先跳投命中，迪奥上罚球线两罚一中，马刺领先 3 分。随后又是欧文外线出手，三分命中，113 平。邓肯底线跳投依旧不中，欧文冲入禁区抛投得手，还制造帕克犯规，完成"2+1"。此后欧文强行三分命中，帕克中投止血。但詹姆斯立马侧翼强投三分命中，马刺无力回天，无奈以 125 比 128 告负。

欧文整场比赛几乎不可阻挡，全场 32 投 20 中，三分球 7 投全中，罚球 10 罚全中，全场狂掠 57 分，再度刷新个人生涯单场得分最高纪录，其中加时赛独得 11 分。

此外，欧文在常规时间的最后 56 秒一人独砍 9 分，强行扳平比分，让马刺再一次领略到痛彻心扉的"麦迪时刻"，而欧文的 57 分也打破了由詹姆斯保持的骑士队史个人单场得分纪录（56 分），同时，欧文也成为有史以来对阵马刺得分最多的球员。

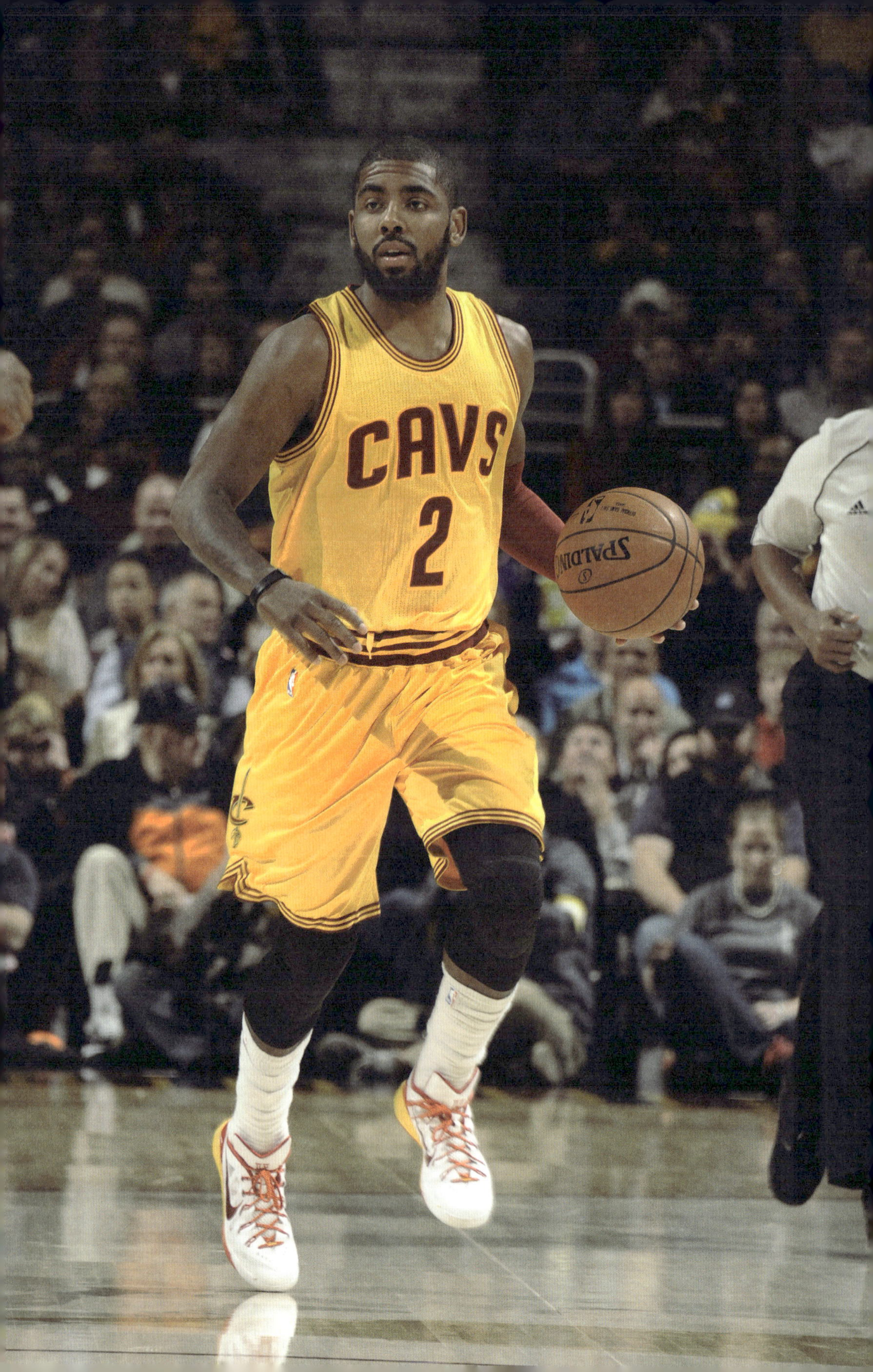
CAVS
2
SPALDING

第四章
一骑袭巅

仙锋正传 / 凯里·欧文

仙锋正传　　　　　　　　　　　　　　　凯 里 · 欧 文

01 完美蜕变

KYRIE IRVING

2014/2015赛季战罢，欧文出战75场，场均贡献21.7分、3.2个篮板、5.2次助攻与1.5次抢断，三分球命中率高达41.5%，并入选了全明星与最佳阵容三阵。此外，欧文还在2015年的2月与3月之间两度当选东部周最佳球员，他在这个赛季也出现风评反转，以前那位球不离手的"独行文"已然不见，取而代之的是"皇帝"身边的关键刺客与二当家。欧文在这个赛季乐于与詹姆斯、乐福分享球权，"骑士三巨头"经过一段磨合期之后终于步入正轨，最终率领骑士取得53胜29负的东部第二佳绩。

欧文完成蜕变的同时，詹姆斯在回归家乡的首个赛季交出场均25.3分、6个篮板与7.4次助攻的闪亮"答卷"，乐福也贡献了场均16.4分、9.7个篮板的"准两双"成绩。

彼时东部豪强并起，亚特兰大老鹰在霍福德、米尔萨普与蒂格等平民球星的带领下展翅欲飞，豪取60胜的东部第一战绩，多伦多猛龙"双枪"（凯尔·洛瑞和德玛尔·德罗赞）也热得发烫，但接下来他们显然都无法阻挡骑士在季后赛狂飙突进的脚步，因为就球星的上限而言，他们都无法与"詹欧"相提并论，而季后赛是比拼球星实力的舞台。

回首2014/2015赛季，看到身边的欧文不断成长，詹姆斯不吝溢美之言："凯里与斯蒂芬是当今联盟最棒的两位控球大师，他们都能通过娴熟的控运技术创造出无限可能的投篮空间，然后又能够随心所欲地得分。"

詹姆斯把欧文和该赛季常规赛MVP"三分之神"库里相提并论，虽然有些偏袒之情，但不可否认的是，就运控而言，欧文与库里的确能平分秋色，只是二人风格不同。

库里经常利用娴熟无比的运控技术晃得对手七荤八素，稍微拉开一丝空间便能迅疾无比地投出三分球，且准到离谱。而欧文则喜欢用华丽莫测的运球突入腹地，再用变速、变向和节奏变化撕裂对手防线，然后即兴一投便能潇洒得分，且每招绝无重复。

"不要害怕去做那些教练不喜欢的动作，比如快攻时一个折叠拉杆，而教练可能只希望你做一个简单的上篮，安全取下两分，而我喜欢在比赛中打出创造性。"在听到詹姆斯将自己和库里之间画上等号之后，欧文如此解释。

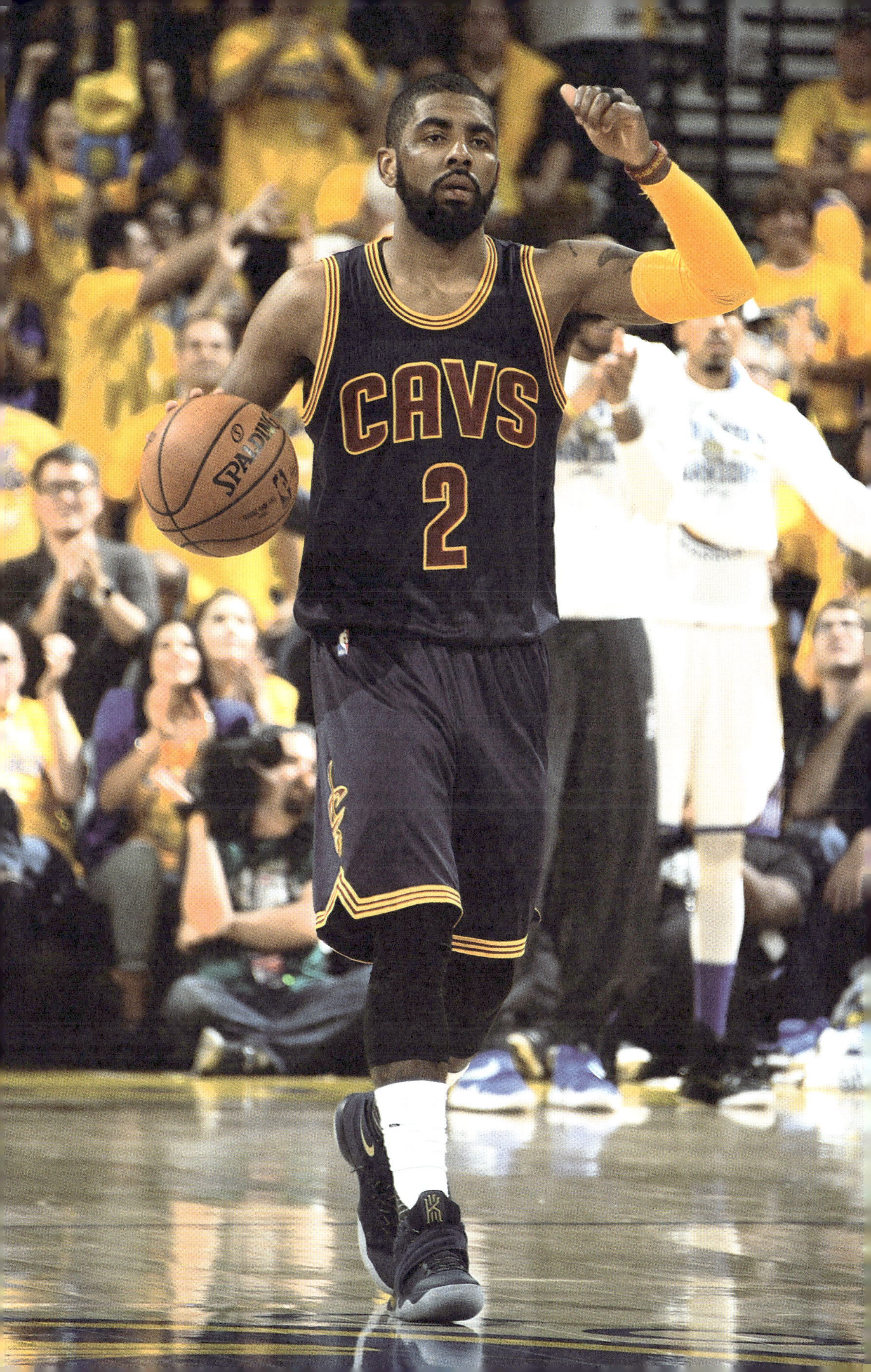
CAVS
2
SPALDING

仙锋正传　　　　　　　　　　　凯　里 · 欧　文

02 K 杀出东部

KYRIE IRVING

2014/2015 常规赛季就这样结束了，欧文收获了前所未有的认可与赞许，这让他更有信心，满怀憧憬地开启了自己的首次季后赛之旅。

欧文终于来到季后赛舞台，每一场都是肉搏战、每一场都要寸土必争。NBA 的季后赛不仅仅是强者之间的对决，更是一种心灵和肉体的双重历练，每一场比赛都需要全力以赴，每一场比赛都拼尽最后一发子弹，这正是欧文期盼已久的景象。

2015 年季后赛首轮，克利夫兰骑士迎来"老冤家"凯尔特人，当年詹姆斯"决定"离开的"罪魁祸首"，克利夫兰人的心头之痛。骑士时隔四年重返季后赛，四年前也正是凯尔特人击败了他们，两队在首轮狭路相逢，似乎冥冥之中自有天意。

物是人非，昔日曾经一手打垮骑士的"凯尔特人三巨头"已经各奔东西，连隆多也在 2014 年 12 月转投小牛，昔日不可一世的"绿衫军"早已风流云散。

2015 年 4 月 20 日，季后赛第一场，骑士以 113 比 100 大胜凯尔特人。欧文在自己的季后赛首秀中表现神勇，21 投 11 中，三分球 9 投 5 中，独砍 30 分，还贡献 3 个篮板、2 次助攻，成为 NBA 史上首位在季后赛首秀中拿到 30 分并投进 5 记三分球的球员。

欧文在接下来的第二场再度发力，砍下 26 分，可惜在比赛中因扭伤右脚退场。

虽然缺少欧文，但骑士凭借此前确立的大比分优势顺利拿下比赛。"绿衫军"接下来两场无力回天，首轮克利夫兰骑士轻松横扫对手，挺进东部半决赛。

东部半决赛，骑士迎来老牌劲旅公牛的挑战。这场比赛，J.R. 史密斯因为自己之前的不妥行为而被联盟禁赛，乐福也在首轮第四场受了肩伤，导致缺席余下季后赛。为了确保球队赢得比赛，欧文带伤在东部半决赛的第一场就火线复出了。

东部半决赛第一场，公牛在首节就火力全开，迅速建立起两位数的领先优势。看到局势不利，欧文拍马杀出，在第二节砍下 14 分，以一己之力帮助骑士扳回比分。

下半场，芝加哥公牛居然投出 44.4% 的三分命中率，最终以 99 比 92 击败骑士，欧文未能上演"单骑救主"的戏码，虽然他全场贡献了 30 分、6 次助攻。

东部半决赛第二场，詹姆斯砍下 33 分，率领骑士扳回一城。

东部半决赛第三场，欧文再次扭到右脚，伤势加重。公牛也紧紧抓住欧文受伤的机会大举进攻，昔日"最年轻常规赛MVP"罗斯完成三分绝杀。

　　公牛总比分2比1领先，对于克利夫兰人来说，形势已经十分危急。

　　2015年5月11日，东部半决赛第四场，骑士在客场挑战公牛，欧文受困于脚部伤势，状态低迷，但詹姆斯表现神勇，面对巴特勒防守，命中了一记压哨绝杀三分球。

　　这记詹姆斯的绝杀也极大鼓舞了骑士的士气，此后克利夫兰人一鼓作气，连赢两场，以总比分4比2淘汰公牛，杀入东部决赛。

　　2015年东部决赛，骑士对阵常规赛东部战绩第一的老鹰。虽然没有主场优势，但骑士众志成城，最终以总比分4比0横扫老鹰，挺进总决赛。

　　骑士在总决赛将要迎战西部骤然崛起的勇士。2014/2015赛季，库里率领勇士打出联盟最佳的67胜战绩，他也因此荣膺常规赛MVP，可以说勇士兵锋正盛。

　　而骑士却充满伤病隐患，虽然詹姆斯连续五年率队登顶东部之巅，但"骑士三巨头"中乐福已经因伤高挂免战牌，欧文也依然饱受右脚伤势所困扰。因为右脚受伤，欧文常用左脚发力，经过长时间高强度对抗，左膝负担加重。雪上加霜的是，欧文在东部决赛期间又患上肌腱炎，因此错过了东部决赛的第二场与第三场比赛。

77

仙锋正传　　　　　　　　　　　　　　　凯　里 · 欧　文

03 K
巅峰梦碎

KYRIE IRVING

2015 年 6 月 5 日，总决赛第一场在奥克兰甲骨文球馆打响。

经过一周的休养，欧文决定参加总决赛的首战，虽然他还没有完全康复，正如比赛前詹姆斯所说的"他只有五成状态"。欧文迫切想要披挂上阵，因为这个赛季随着詹姆斯回归和乐福加盟，骑士在东部势如破竹，欧文也作为胜利者经历了太多的"第一次"，所以，他不愿意因为伤病无法在总决赛上亮相，而且骑士迫切需要他。

首度站上总决赛舞台，耳边响起奥克兰球迷震耳欲聋的呐喊，欧文不免有些紧张，好在他在前三投不中之后迅速调整状态，在命中第 1 记三分球之后，开启进攻模式。

上半场，欧文 9 投 4 中，得到 9 分，外加 4 个篮板、3 次助攻和 2 次抢断。

下半场，欧文愈发驾轻就熟，里突外投，频频发动攻势。除了进攻端，欧文在防守端的表现也颇为精彩。比赛还剩 31 秒，双方战平。库里持球突至篮下，将欧文甩在身后，准备上篮绝杀对手，而欧文高高跃起，在身后奋力伸臂封盖了库里的上篮。

本来山呼海啸般的奥克兰球馆瞬间变得安静，解说席上的杰夫·范甘迪称赞欧文的这次封盖为"一次不可思议的补救"，凭借欧文这次"绝平封盖"，骑士将比赛拖入加时赛。

加时赛，旧伤未愈的欧文彻底透支了体力而不堪负荷，终于在一次运球时不慎扭到膝盖，被迫一瘸一拐地走下球场，在队医的搀扶下走回了更衣室。受伤之后，欧文更是将球衣重摔在地，这位 23 岁的年轻人以此宣泄受伤之后的沮丧与不甘。

骑士本来在进攻端就不如对手，失去欧文之后的詹姆斯也无力回天，首战以 100 比 108 输给勇士。尽管欧文在最后时刻因伤缺阵，但还是交出 23 分、7 个篮板、6 次助攻、4 次抢断和 2 次封盖的总决赛首份成绩单，如果他能战到最后，胜负天平也许会反转。

欧文伤退后，经过斯坦福运动医学院的 MRI 核磁共振，确诊为左膝盖骨折，此等

78

伤病至少需要 3 至 4 个月才能康复，这也意味着，欧文将无缘接下来的总决赛。

就这样，欧文结束了自己的首次季后赛之旅，因为伤病羁绊，实力大打折扣，即便如此，他依然带伤在首次季后赛征程中场均贡献 19 分、3.6 个篮板、3.8 次助攻、1.3 次抢断和 0.9 次盖帽，并场均投出 45% 的三分命中率，表现可圈可点。

没有乐福，没有欧文，骑士"三巨头"仅剩下詹姆斯独自率领骑士残阵对抗兵强马壮的勇士，雪上加霜的是，骑士只剩下 7 名球员可以轮换上场。

德拉维多瓦、J.R. 史密斯、香波特、詹姆斯·琼斯、特里斯坦·汤普森、莫兹戈夫，加上詹姆斯，骑士的"绝地七武士"打得英勇无比，接连赢下 G2、G3 两场。

"七武士"的骑士与"水花兄弟"的勇士还是存在实力差距，加上科尔教练大胆变阵成"死亡五小"。勇士在这套（今后几年制霸联盟）阵容加持下，摧枯拉朽般连赢三场，最终以总比分 4 比 2 击败骑士，在速贷中心球馆捧起总冠军奖杯。

詹姆斯在总决赛场均得到 35.8 分、13.3 个篮板、8.8 次助攻，依旧未能战胜万箭齐发的金州轻骑，无奈惨遭巅峰之败，此时的他无比想念病榻之上的欧文。

没有了仗剑在侧的欧文牵制，詹姆斯遭遇伊戈达拉和格林等人的全力围剿，而没有了欧文那滔滔不绝的关键得分，本就进攻乏术的骑士终究无力回天。

欧文第一次与总冠军近在咫尺，却因为伤病遥不可及，巅峰梦碎，华丽成殇。

04 K
虽败犹荣

KYRIE IRVING

虽然无缘总冠军，但欧文在 2014/2015 赛季已经成长为当时 NBA 最好的控球手和篮下终结者之一。骑士 2 号不再孤单地奔跑，而是学会与队友融为一体，但在球队最需要得分的时候他总会挺身而出，关键时刻屡次上演杀入敌阵攻城拔寨的戏码。

彼时布拉特教练曾想要在骑士推行普林斯顿战术体系，希望将乐福塑造成下一个克里斯·韦伯，但詹姆斯和教练做了一次"深刻的沟通"，因为他觉得欧文的可塑性比乐福要强太多，于是在 2014/2015 赛季，骑士的战术就变成了"双核突分"。

这种打法很快让欧文找到了方向，拿球发现防守漏洞就坚决进攻，遭遇夹击不要强投，用传球找到接应的队友。欧文的进化让整个骑士都受益匪浅。

数据显示，当欧文在场上时，骑士每百回合能得到 115.4 分，詹姆斯真实投篮命中率为 59.9%；当欧文不在场上，骑士每百回合只能得到 105 分，詹姆斯真实投篮命中率也变为 53.3%。有欧无欧，骑士在进攻端的表现完全不同。

虽然在詹姆斯身边，欧文的球权占有率有所减少（2014/2015 赛季为 26.2%，较上赛季减少 2%），但欧文场均得到 21.7 分，比上赛季的 20.8 分不降反升，且更具效率。

2014/2015 赛季，欧文减少了长距离两分球的投射，将主要进攻区域集中到篮下和三分线外，不仅因为突破和三分球是他的强项，而且适应了小球时代崛起的风潮。

有了詹姆斯在身边，欧文不必面对对方最优秀的外线防守者，他本赛季投出了创生涯新高的 58.3% 的真实命中率与 41.5% 的三分命中率，这是在詹姆斯身边打球的"福利"。

欧文在 2014/2015 赛季的成长有目共睹，而他的伤病也令骑士球迷揪心。

在外界纷纷扰扰中，受伤后的欧文在社交媒体上留下简短的言论："以这样的方式离开（总决赛）让人觉得悲伤，但是伤病不能带走我参与这次季后赛的奇妙经历，我已经付出了所有，对此无怨无悔，我会尽快回到赛场。"

回看 2014/2015 赛季，骑士的"双核突分"大幅提高了欧文的使用率。因为漫长的常规赛季刚刚打完，骑士就马不停蹄地出征季后赛，欧文又在季后赛中陡然加大攻防两端的强度。连续疲劳作战，让欧文在东部决赛期间遭遇了左膝肌腱炎。

总决赛，欧文不仅要在进攻端要挑起大梁，而且在防守端还要主防库里，"萌神"鬼魅般灵动的身影让伤病缠身的欧文疲于奔命，在完成"绝平封盖"并打光最后一颗子弹之后，欧文还是躺在了距离总冠军奖杯一步之遥的地方。

欧文在总决赛遭遇的这次膝盖骨折只是他众多伤病的一处，这位年仅23岁的青年俊彦遭遇了多达13处的伤病——面部、肩部、手腕、膝盖、脚趾……几乎身上的每一处都被伤病纠缠过。欧文就这样忍着伤痛征战，直到再也无法站起。

欧文带伤上阵的顽强精神赢得了世人的尊重，也包括他的对手。

当欧文在2015年总决赛首场加时赛因伤跟踉跄倒地时，对面的防守者克莱·汤普森并没有借机发起进攻，而是主动放弃球权，即便那是勇士形成"5打4"的好机会。

"我不去进攻凯里的原因很简单，他整场比赛都带着伤病作战，我尊重他，希望也能赢得他的尊重。"赛后接受采访时，汤普森对自己的做法如此说道。

勇士球员也纷纷表示赞同汤普森，而汤普森的父亲迈克尔·汤普森认为如果欧文没有因伤缺阵，那么骑士和勇士之间的较量胜负还未可知。

骑士的球迷更是相信如果欧文不是在总决赛第一场遭遇膝伤离场，那么总冠军奖杯就会花落克利夫兰。可惜世事没有如果，因此所有人只能对下一个赛季拭目以待。

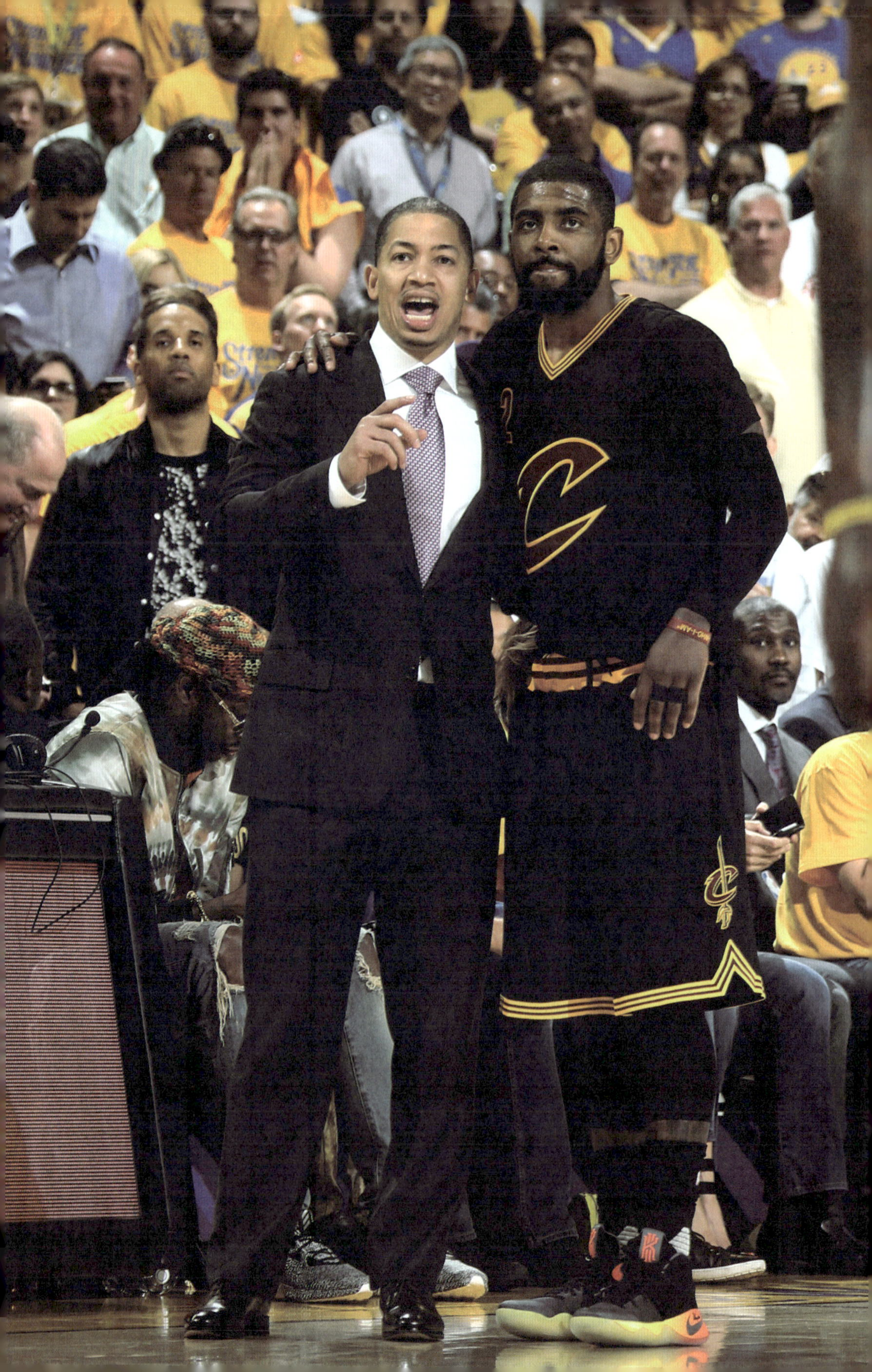

第五章
换帅如刀

仙锋正传／凯里·欧文

仙锋正传　　　　　　　　　　　　　　　凯　里·欧　文

01 临阵换帅

KYRIE IRVING

2015年休赛期，已经看到夺冠希望的詹姆斯宣布执行"1+1"合同中的第二年球员选项，克利夫兰骑士大受鼓舞。乐福、香波特也完成续约，骑士工资总额达到8000多万美元，已经超过奢侈税触发线（2015/2016赛季奢侈税触发线为7000万美元）。

彼时的欧文还在养伤，但对于2015年总决赛的折戟沉沙始终耿耿于怀，他从小就被父亲德雷德里克灌输赢下比赛的思想，而夺得总冠军更是他们父子俩的夙愿。

2015/2016赛季，虽然欧文求战心切，但骑士为了不再重蹈覆辙（欧文在总决赛带伤上阵，终遭大伤），将他牢牢"按"在场下养伤，直到2015年12月21日，完全康复之后的欧文才正式复出，这场新赛季首秀战离他总决赛受伤时已经时隔半年之久。

2016年1月23日，骑士突然宣布主教练布拉特下课的消息，与此同时，骑士与助理教练泰伦·卢签下了一份三年总价值超过950万美元的执教合约，此前泰伦·卢以四年650万美元的合同保持着NBA助理教练的历史最高薪纪录。

骑士临阵换帅的消息一经宣布，顿时惊诧世人。要知道，彼时布拉特率领骑士已经豪取30胜11负的东部最佳战绩，而且刚刚当选2015年12月的东部最佳教练。

临阵换帅本就容易造成军心浮动，更何况布拉特主帅战绩出色，接任的泰伦·卢却从未有过主教练的执教经验，骑士此举多少让外人摸不着头脑。但布拉特的下课其实早在之前的2014/2015赛季就已经埋下了伏笔。

在东部，拥有詹姆斯的球队都会杀入总决赛已经成为共识，所以布拉特率领骑士进入总决赛被认为是顺理成章的事情，并未显示出布拉特高超的执教水平。因此，这位欧洲名帅在NBA处子赛季就率队杀入总决赛并没有得到骑士的真正认可。

还有就是因为缺乏NBA的经历，布拉特并不

擅长处理更衣室里的关系，尤其是与詹姆斯的矛盾日益加深。而 NBA 球员出身的泰伦·卢深谙人情世故，最擅长与球员们搞好关系。

骑士在 1 月 19 日以 98 比 132 惨败给勇士也成为布拉特下课的导火索，因为骑士管理层深刻体会到，无论球队取得如何光鲜的战绩，只要他们以夺冠作为唯一目标，西部的勇士就是他们必须迈过去的高峰，但以布拉特为主教练的骑士，显然对于那支勇士束手无策。所以，骑士决定换帅如刀，扭转一下逢"勇"不胜的运势。就这样，大卫·布拉特成为 NBA 史上带队胜率最高（73.2%）的"下课主教练"。

作为欧洲名帅，布拉特对 NBA 水土不服的苗头早在 2015 年 1 月就显露出来。彼时坐拥"三巨头"的骑士胜率竟然不超过 50%，场下的更衣室里的关系出现了明显的裂痕，场上的战术跑位和布拉特布置的截然不同，甚至在未经布拉特同意的情况下，助理教练泰伦·卢竟然站起来喊暂停……种种迹象表明，布拉特失去了主教练的掌控权。

初到骑士时，布拉特本来是执教以欧文为首的青年军，但詹姆斯的回归，让布拉特这位初来乍到的外乡人来领导 NBA 本土的超级巨星，有些勉为其难。

还有一点至关重要的原因，布拉特的普林斯顿战术体系被詹姆斯以"保护欧文成长"为由否定，球队战术从依靠体系转变成依靠球星能力的"双核突分"。

布拉特的篮球哲学无法在球队里推行，无奈之下，只能转而依靠球星的个人能力去解决问题，这就让他深陷一个左右为难的困境：他只是一个 NBA 的"菜鸟"，当战术只能依靠球星能力时，他无法挺直腰板和球星沟通，而擅长的战术又无法应用，他便无法通过专业技战术能力赢得队员的信任，而一旁的泰伦·卢又不断越俎代庖。

在目睹布拉特的慌乱之后，觊觎帅位的泰伦·卢便与球员们私下联络感情，早在湖

85

仙锋正传

人球员时期,他就擅长和队友尤其是科比搞好关系。此时泰伦·卢凭借和乔丹、科比这样的超级巨星共事,又有师从"禅师"的光辉履历,深谙和超级巨星打交道的法门,很快他就赢得了詹姆斯和骑士管理层的信任。于是,欧洲学院派名帅布拉特下课,江湖派教练泰伦·卢接任成为必然。

布拉特之于欧文,是一位优秀的老师。在经历过迈克·布朗这种"欧文你随便打"的放任自流的教练之后,深谙体系战术的布拉特对于欧文简直就是一笔财富。

而对于布拉特而言,欧文是他执教过的最杰出的篮球天才,以至于这位名帅返回欧洲赛场之后,依旧对欧文念念不忘,并送上祝福:"凯里进入联盟时,就被赋予复兴球队的使命,压力很大,那时的他只有19岁,是一位杰出、善良的孩子,希望他今后无论在哪里,都开心快乐。"

布拉特下课后,离开克利夫兰时的场景颇为"凄凉"。老帅孤独地站立在克利夫兰霍普金斯国际机场的冷风中,身后来送行的只有欧文一个人。师徒相对无言,默默地等待航班的到来,当飞机飞走时,也把布帅在这座城市的所有失意都抛到九霄云外。

骑士主场输给勇士之前,无论是客场输给勇士还是马刺,欧文都是整支球队唯一力挺恩师布拉特的人,但是在骑士以34分之差输给勇士之后,欧文也陷入了沉默,因为他知道他的声音在巨大的"反帅"声浪之中已经微乎其微。

骑士被勇士打爆,总要有人为此负责,主教练布拉特下课便成情理之中。

这位欧洲名帅就这样黯然地离开了克利夫兰。老帅的离开让欧文颇为伤感,毕竟一年多的朝夕相处,布拉特教练给他的那些悉心指导,都让他受益终身。

第 五 章 / 换 帅 如 刀　　　　　　　　　　　　　　　　　　Kyrie Irving

重振雄风

KYRIE IRVING

布拉特的离开，让欧文在很长一段时间内都陷入迷茫，他不能理解克利夫兰骑士的"落井下石"。球队的失控，有很多的客观原因，而非兢兢业业的布拉特一人之过。

欧文因此在赛场上出现了短暂的低迷，骑士也屡遭败绩，好在欧文很快就明白，恩师离去已成事实，况且布拉特教练也不希望看到骑士如今的"窘态"。

痛定思痛，欧文很快把所有精力都投入到比赛当中。2016 年 2 月 9 日，欧文坐镇主场迎战国王，得到 32 分、12 次助攻，带领球队以 120 比 100 击溃对手。

欧文回归正轨，"三巨头"合力发威，骑士在赛季末段展现出无可阻挡的气势。2015/2016 赛季战罢，骑士取得 57 胜 25 负，排名东部第一。虽然骑士在东部唯我独尊，但遥看西部那支豪取 NBA 历史第一 73 胜（超越 1995/1996 赛季公牛的 72 胜）的勇士，还是有一种"望峰息心"的感觉，夺冠之路依旧崎岖无比。

2015/2016 赛季，"骑士三巨头"表现平平，除了詹姆斯场均得到 25.3 分、7.4 个篮板、6.8 次助攻，依旧维持一阵的水准之外，欧文场均仅砍下 19.6 分，生涯除新秀赛季之外场均得分唯一一次跌破 20 分。而作为骑士唯一的内线"巨头"，乐福场均仅以投篮命中率 41.9% 贡献 16.1 分。骑士还出现了其他问题，随着"战术大师"布拉特离去，"战术鬼才"泰伦·卢拿起教鞭，让骑士本就匮乏的战术套路再度削减，"遇强不胜"似乎成为骑士最直观的体现，导致在本赛季常规赛阶段被马刺和勇士横扫。

大家普遍认为，因为在长期积弱的东部，骑士吃到红利，所以能轻松杀入总决赛，但在总决赛面对西部冲出重围的对手时，只能扮演"陪太子读书"的配角。

欧文却不这么认为，他不希望将自己的命运建立在别人的臆想之上。于是，在季后赛开始之前，他主动与詹姆斯来了一次促膝长谈，目标就是要竭尽全力拿下总冠军。

那次谈话之后，克利夫兰骑士的士气都为之一振，季后赛与常规赛相比判若两队，因为"詹欧组合"强势的刀剑合璧，也让 2016 年总冠军的归属再度充满了悬念。

仙锋正传　　　　　　　　　　　　　　　　　　　　　　　　　凯 里 · 欧 文

03 K 剑指东巅

KYRIE IRVING

2016年4月18日，季后赛战火重燃，骑士对阵活塞第一战，欧文砍下季后赛个人新高的31分，还贡献了5个篮板、6次助攻，率队轻取胜利。这只是他异彩纷呈的季后赛之旅的一个开端。此后，詹姆斯和欧文刀剑合璧，众将在"詹欧组合"的双核驱动下，火力全开。第一轮和第二轮，骑士连续以两个4比0横扫活塞和老鹰。

克利夫兰骑士一路高歌猛进，在东部决赛迎来由洛瑞和德罗赞领衔的猛龙。

5月18日，东部决赛首战，骑士在主场轻取猛龙，欧文贡献27分、5次助攻。

5月20日，骑士在第二场又以108比89大胜猛龙，欧文再砍26分，东部决赛前两场，欧文均取得全队的最高分，而詹姆斯轰下近70%的高命中率。"詹欧组合"渐入佳境，

他们彼此默契无间,甚至令球迷想起巅峰时期的"詹韦组合"(詹姆斯与韦德)。

更让人欣慰的是,欧文一直被人诟病的防守,在经过整个赛季的洗礼之后,也已经得到了显著的提升。要知道,在2015/2016赛季的常规赛中,根据数据统计,欧文的防守效率值在整个联盟85名控球后卫中排名倒数第三,但是进入真刀真枪的季后赛,欧文的防守却发生了翻天覆地的变化,猛然蜕变为联盟一等一的防守专家。

首轮对阵活塞,欧文把对位的雷吉·杰克逊限制场均仅得14.3分。第二轮对阵老鹰,欧文让明星后卫杰夫·蒂格命中率暴跌至34%,场均也只有11.5分入账。

东部决赛对阵猛龙的比赛中,欧文的防守百尺竿头更进一步,在和洛瑞的对决当中,欧文也凭借着自己出色的防守,让"小钢炮"无所适从,第一场只得了8分。

在东决比赛期间,欧文足蹬一双新球鞋,鞋上出现了"Whiplash(爆裂鼓手)"的字样,这是一部影片的名字,《爆裂鼓手》讲述了一位音乐学院新生为了成为传奇爵士乐鼓手,在魔鬼导师的严苛指导下,付出了艰苦的努力,最终达成目标的过程。

这部电影给予欧文强烈的激励与共鸣,在2015年总决赛第一场就因伤倒下,并因此错过了之后的比赛,目送骑士队友们被勇士击败,那种无力感让欧文无比郁闷。

所以,欧文无比渴望重返总决赛,为此他经历了漫长的恢复期。

所以,欧文绝不允许在骑士登顶东部的征程中出现拦路人……

仙锋正传　　　　　　　　　　　　　　　　　　凯　里 · 欧　文

04 K
华丽绽放
KYRIE IRVING

2016年东部决赛的第三战与第四战，骑士远赴多伦多，连输两场，猛龙借此一举将总比分追成2比2平。第五场"天王山之战"，回到主场的骑士毫无悬念地击败猛龙，随后第六战又以113比87大胜对手，以总比分4比2解决掉多伦多猛龙，昂首挺胸再次迈入总决赛的大门，以逸待劳等待西部雷霆和勇士之间的胜者。

纵观欧文的这次东部季后赛之旅，明显比上赛季更加出色，他场均贡献24.8分、5.2次助攻，一扫常规赛的低迷。欧文在常规赛经历了伤病纠缠、换帅风波，在漫长的赛季征战中身心俱疲。到了季后赛，欧文终于开足马力，没有伤病束缚的他瞬间变身为骑士球迷心中那个无所不能的"德鲁大叔"，突破犀利，敢于对抗，攻守兼备，在三分线之外频繁开火，在禁区之内纵横无忌⋯⋯这样的欧文值得每一个人尊敬，毕竟那些伤病痛彻骨髓，能够再次勇敢站起，向更高的目标迈进，确实需要很大的勇气和信念。

欧文的爆发也彻底打通了骑士的任督二脉，常规赛混乱不堪的进攻战术，在欧文的梳理下变得顺滑清晰。曾经压在詹姆斯一个人身上的重担，也被欧文分担了一半。

骑士新主帅泰伦·卢对欧文的表现赞不绝口："凯里打出了很高的水准，这样勒布朗就可以让自己的身体适当休息一下，在场边欣赏比赛的过程。"

欧文华丽绽放，也有泰伦·卢的一份功劳。这位其貌不扬的"卢执导"不仅是一位卓越的"心灵鸡汤大师"，他还继承了学院派教练布拉特的攻防战术体系。此外，泰伦·卢还秉持着美式NBA教练所擅长的球星战术，不遗余力地将"詹欧组合"双核驱动与双王牌单打战术贯彻到底。他还根据第三"巨头"乐福善于三分投射的特点，让他与詹姆斯进行多样的高位挡拆战术，彻底激活了这个"高炮台"。

随着西部决赛勇士"抢七"大战击败雷霆，骑士的总决赛对手终于浮出水面。

虽然骑士是更早确定总决赛席位、以逸待劳的一方，但众多媒体预测骑士的夺冠概率只有25%，而勇士高达75%。在一片偏见与轻视的氛围中，骑士奔赴金州，他们不仅要夺下总冠军，还要完成对于勇士的复仇之旅。

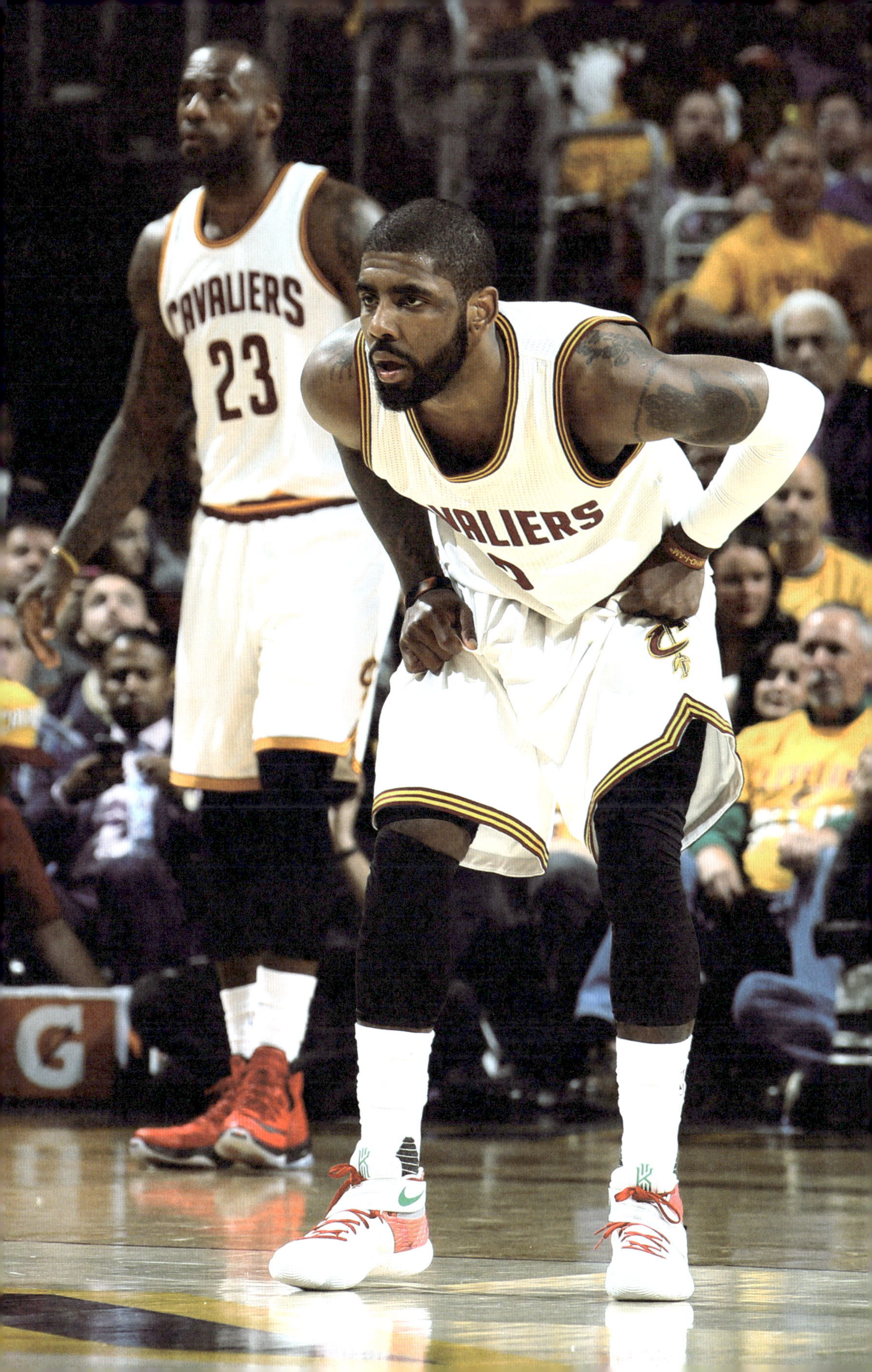
CAVALIERS
23
VALIERS

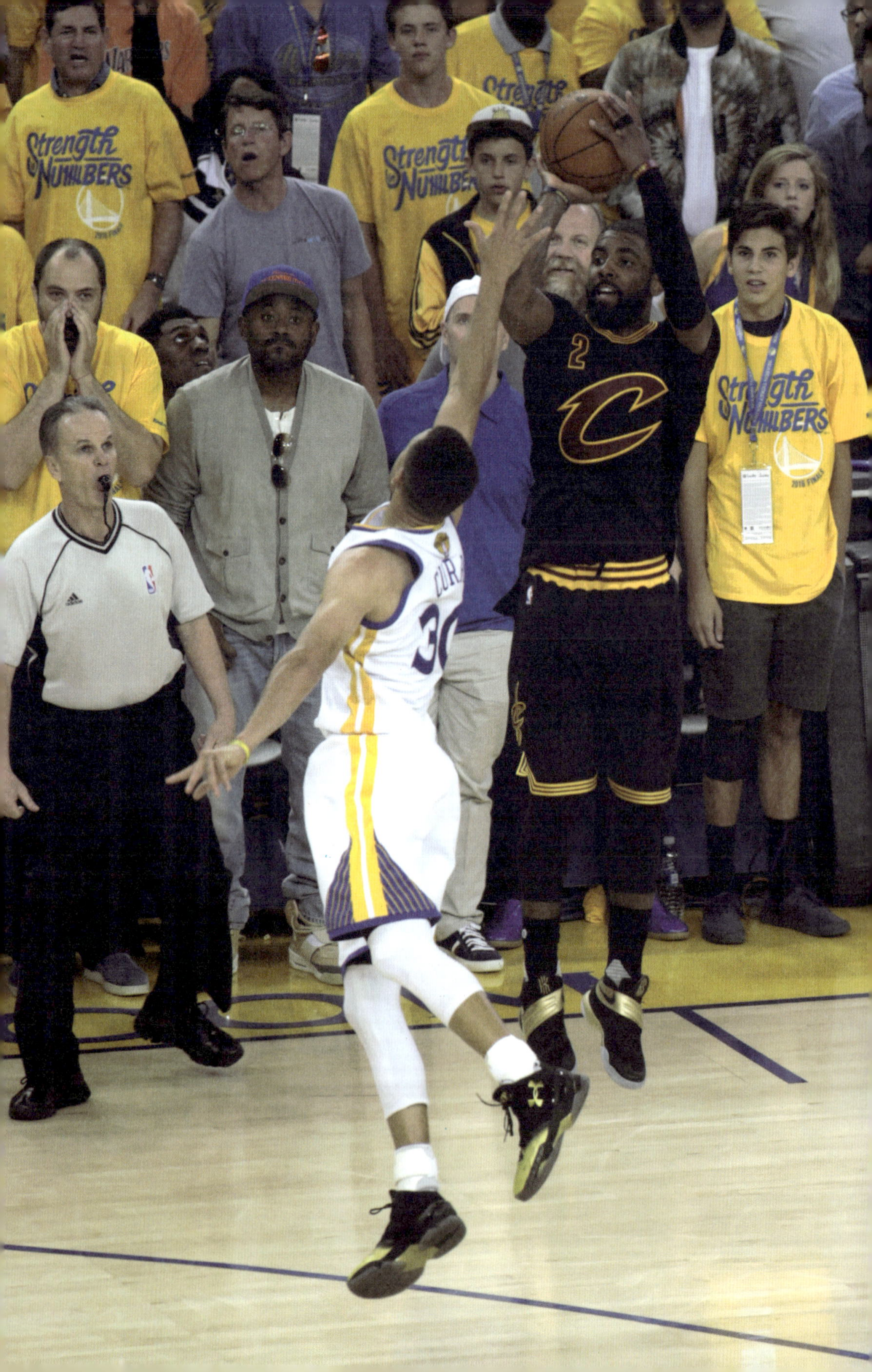

Strength
NUMBERS
2
30

第六章
决胜七重天

仙锋正传 / 凯里·欧文

仙锋正传

凯 里·欧 文

01 K 先折两阵

KYRIE IRVING

2015/2016 赛季充满各种传奇。科比用一场 60 分谢幕战告别了二十载波澜壮阔的紫金生涯，"黑曼巴"传奇必将永载史册，而同载史册的是率领勇士打出 NBA 历史最佳 73 胜战绩、一共命中 402 记三分球、全票当选常规赛 MVP 的斯蒂芬·库里。

此外，库里还以场均 30.1 分、2.1 次抢断加冕得分王与抢断王，在西部半决赛第四场加时赛独得创纪录的 17 分。西部决赛第六场，汤普森又投中 11 记三分球，力助球队绝处逢生。勇士在"抢七"击败"杜威二少"领衔的雷霆之后，兵锋正盛，无可匹敌。

2016 年总决赛一触即发，此时的"水花兄弟"也达到最佳状态，他们领衔的勇士"死亡五小"本就是联盟无坚不摧的顶级战阵，到了总决赛时又调升一个等级。而骑士也做好了准备，詹姆斯、欧文与乐福，"骑士三巨头"终于可以联袂在总决赛上登场。

2016 年 6 月 3 日，总决赛第一场，看似势均力敌的巅峰对决却呈现一边倒。"水花兄弟"没有爆发（合砍 20 分），但勇士凭借全队集体发威，以 104 比 89 掀翻骑士。

欧文里突外投，率队迫近比分，但很快就被勇士的狂潮淹没得无声无息。

6 月 6 日，骑士在总决赛第二场败得更惨，以 77 比 110 不敌勇士。

欧文在此战仅得 10 分，乐福仅得 5 分，詹姆斯在前两场表现不佳，"骑

第六章 / 决胜七重天　　　　　　　　　　　　　　　　　　　Kyrie Irving

士三巨头"状态全无，如此的骑士显然无法扭转败局。

一时间，"骑士三巨头"沦为"骑士伪三巨头"的论调甚嚣尘上。詹姆斯深感无力，他的持球单打屡屡遭遇勇士重兵的封堵拦截，想串联球队进攻，也是万难之举。

乐福更惨，全场只得5分，又惨遭马克·巴恩斯肘击导致脑震荡，被迫提前离场治疗。至于欧文，只有10分入账，状态可谓跌至冰点。

前两场总决赛，骑士总计输给勇士48分，创造了 NBA 史上一项尴尬的纪录。

雪上加霜的是，乐福因为脑震荡要休战一场，骑士被逼到悬崖边上，如果再输一场，那么以0比3落后勇士，将落到必败无疑的境地，恐怕神仙也无力回天。

2016年总决赛前两战，所有人都看到两队如天堑般的差距，全世界都不看好骑士，很多勇士球迷都开始畅想4比0横扫对手之后的夺冠庆祝仪式了。

仙锋正传

02 K
骑士保卫战

  2016年6月9日，总决赛第三场"骑士保卫战"在克利夫兰速贷球馆打响。

  生死攸关，回到主场的骑士破釜沉舟，一开场就气势如虹，打出一个9比0的冲击波。

  欧文充当急先锋，无论是急停跳投、抛投打板，还是策动转换进攻都能转化得分，首节战罢，欧文单节轰下16分，送出3次助攻，率领骑士取得17分领先优势。

  第二节，当勇士疯狂反扑并追近比分时，又是欧文命中一记三分球，稳住了局面。

  最终，骑士在主场以120比90大胜勇士，欧文贡献30分、4个篮板、8次助攻，詹姆斯得到32分、11个篮板、6次助攻，在乐福因伤缺阵的情况下，"詹欧组合"合砍62分，并用14次助攻盘活全队。乐福缺战，年轻的特里斯坦·汤普森力压勇士内线，翻江倒海。而35岁的杰弗森也老夫聊发少年狂，高效拿下9分，为骑士提供了充足的火力支持。

  骑士在6月11日的第四场上半场依旧顺风顺水，但第三节风云突变，勇士用几个漂亮的三分球完成追平并反超，最终在客场以108比97击败骑士。

  "萌神"库里在此役狂砍38分，并率领勇士多点开花，力压詹姆斯的25分、13个篮板、9次助攻的"准三双"，在骑士的地盘上拿下一场胜利。

  欧文在这场比赛中依旧表现出色，28投14中，得到34分、4个篮板、4次助攻和3次抢断，但打光最后一发子弹的欧文在最后上篮不中，只能目睹骑士主场失利。

  如果说，0比2的骑士是被勇士逼到悬崖边上，那么在第四场落败之后，以1比3落后的骑士已经半身落入悬崖，仅抓住崖畔的枯枝来维系一丝生机。

  总决赛的历史上还没有出现过以1比3落后的大逆转，那一刻，似乎已经注定了詹

姆斯与欧文领衔的这支骑士将再次与总冠军失之交臂，起码，当时专家们都这么认为。

但克利夫兰骑士不会认命，即便这就是天意，那也要逆天改命。

唯有向死而生，才能起死回生，骑士大军开拔金州的步伐有些悲壮。

欧文的强势表现让骑士心存一丝希望，而勇士的全能悍将格林在第四场因挥拳打到詹姆斯被吹一级恶意犯规，累计4次恶意犯规停赛一场，也让骑士觅到一丝生机。

接下来的总决赛第五场，骑士与勇士要转战金州。欧文要持续在进攻端猛烈开火，至少保持连续30+的得分火力，趁着勇士"防守大闸"格林禁赛、门户洞开之良机，他与詹姆斯联手，先率领骑士在金州的地盘拿下胜利。

03 刀剑合璧

KYRIE IRVING

2016 年 6 月 14 日，总决赛第五场在奥克兰的甲骨文球馆打响。

比赛一开场，欧文就包办了前 5 分，第二节又拿下 11 分。整个上半场欧文以 80% 的超高命中率砍下 18 分，詹姆斯更袭下 25 分，"詹欧组合"联手发威，率领骑士在上半场与勇士打成 61 平。易边再战，"詹欧组合"对飙"水花兄弟"旗鼓相当，而勇士中锋博古特的扭伤离场让金州失去防守屏障，骑士有了冲击内线的机会。

欧文在下半场依然保持着高效的进攻表现，第三节再得 11 分。他蝴蝶穿花般完成

第六章／决胜七重天　　　　　　　　　　　　　　　　　　　Kyrie Irving

进球，频频撕开金州的防线，并不断给队友制造机会。第四节 7 分 30 秒时，欧文沿着底线突破两名勇士球员的防守，转身硬扛着克莱·汤普森将球打进，完成了一次漂亮的"2+1"。随着这次打三分成功之后，欧文又连得 7 分，率领骑士取得两位数的领先。

最终，骑士在客场以 112 比 97 大胜勇士，把总比分追至 2 比 3。

此役，欧文 24 投 17 中，其中三分 7 投 5 中，与詹姆斯同砍全场最高的 41 分，还送出 6 次助攻和 2 次抢断，其得分和进球数创个人季后赛生涯新高。

欧文与詹姆斯双双得到 41 分，这是 NBA 总决赛首次出现同一队有两名球员同场得分 40 分以上。詹姆斯轰下 41 分、16 个篮板、7 次助攻、3 次抢断和 3 次封盖，也是总决赛首次出现如此全能的神数据。而欧文以 70.8% 的命中率得到 41 分，是自 1970 年张伯伦之后能在总决赛舞台上用如此高命中率砍下 40+ 的 NBA 历史第二人。

詹姆斯大开大合，宛如霸道无匹的屠龙刀；欧文轻灵迅疾，就像出鞘破空的倚天剑。江湖盛传，当"屠龙倚天"刀剑合璧时，将无敌于天下，"詹欧组合"的王炸级爆发就印证了这一点。

欧文尽情演绎十八般武艺，华丽繁复的控球、犀利无匹的突破、灵动如风的上篮，以及不逊于库里的三分球投篮和迎着防守的干拔中距离投篮……不管骑士打得好还是坏，他总能凭借一己之力撕碎勇士的防线，这就是欧文的能力。

欧文已经在总决赛连续三场分别砍下 30 分、34 分、41 分，与库里对决不落下风。而濒临绝境更能激发欧文的战斗力。经此一战，欧文已迈进"超巨"的行列。

99

仙锋正传　　　　　　　　　　　　　　凯　里·欧　文

04 K
向死而生

KYRIE IRVING

　　2016年总决赛第五场结束之后，所有人都开始期待第六场的比赛。"詹欧组合"双砍40+、合砍82分的戏码颠覆了世人的认知，两位"王炸"级的得分手领衔一支寻常球队能否掀翻团队无敌的73胜之师，又一次充满了悬念。到底是勇士一鼓作气解决骑士，还是骑士再次上演翻盘好戏，将系列赛拖入第七场？欧文的表现成为彼此的"胜负手"，因为所有人都知道，拥有"三巨头"的骑士，能力抗勇士的还得是"詹欧"。

　　2016年6月17日，总决赛第六场，回到克利夫兰速贷中心球馆，已经以2比3落后的骑士必须取胜。詹姆斯的赛前誓言掷地有声："捍卫主场，去奥克兰捧起奥布莱恩杯！"

　　骑士又打出一场"向死而生"的比赛，他们全力以赴，从比赛开始就对勇士球员围追堵截。比赛前5分钟，金州人竟然无一分入账，首节也仅仅斩获11分。

　　欧文在第六场延续着上一场的火热手感，仅在上半场独砍20分。下半场，欧文在一次进攻中扭伤了脚踝，虽然没有让去年伤退的悲剧重演，但欧文带伤重新上场时，显然受到伤势的困扰，不复上半场的神勇，在下半场只有3分入账。

　　危急时刻，詹姆斯挺身而出，在下半场砍下27分。更在勇士于第四节追近比分时，连砍10分，最终率领骑士以115比105战胜勇士，双方战成3比3平。骑士将总决赛拖入"抢七大战"，胜利的天平似乎开始朝克利夫兰倾斜。

　　虽然不可一世的勇士在气势上受到打击，但

100

第六章／决胜七重天　　　　　　　　　　　　　　　　　　　　Kyrie Irving

还有"水花兄弟"这个神射双人组,还有"死亡五小"以及"抢七大战"的主场优势。

"我们能在总决赛大比分以1比3落后的情况下打到了现在,已经掌握了赢下比赛的诀窍。"面对即将到来的"抢七大战",欧文这样说道,"现在我只能全心去准备比赛,要有必胜的信念,第七场,将会是我生涯中最艰难的一场比赛。"

在NBA总决赛史上,还没有任何一支球队能在1比3落后的逆境中翻盘,这确实是一场艰难的比赛,勇士由于折了大将博古特,但坐拥主场优势,占地利。骑士方面,他们已经连扳两场,气势正盛且无重大伤病,占人和。

"抢七大战"将是一场势均力敌的较量,胜负难测。

05 一箭定江山

2016年6月20日，总决赛"抢七大战"在奥克兰甲骨文球场开幕，骑士与勇士在前六场总得分战成610平，可谓势均力敌，"抢七大战"将一决生死。

比赛一开场，双方各显神通。欧文在开场手感不佳的情况下，频繁突破，造成超强的杀伤力。勇士的防线频频告急，但他们凭借滚烫三分线外手感与骑士斗得旗鼓相当。首节两队你来我往，双方交替领先。乐福单节狂刷7个篮板，詹姆斯在首节最后关头制造了巴博萨的犯规，两罚全中后，首节骑士以23比22领先1分。

第二节一开始，格林投中三分后，香波特回敬"打四分"。库里打三分成功，詹姆斯立马强攻得手……双方进入胶着状态。上半场结束前3分59秒时，欧文从外线硬扛汤普森直接杀入底线，命中一记技惊四座的高打板上篮，并造犯规完成"2+1"。

欧文强力突袭禁区，詹姆斯也向内线不断拼杀，但骑士其他球员手感冰凉，而对方禁赛复出的格林表现勇猛，飙中5记三分球。上半场战罢，骑士以42比49落后勇士。

下半场易边而战，詹姆斯一度率领骑士反击。J.R. 史密斯命中两记三分球，欧文频频上篮得手，骑士一度反超比分。勇士危急时刻，又是格林挺身而出，用一次"哈登式造犯规"3罚全中，紧接着又投中远射，利文斯顿随后又快攻暴扣将比分追成71平。

三节战罢，勇士与骑士的比分定格为76比75，金州领先1分。

最后一节，双方比分依旧紧咬，还剩9分6秒之时，欧文杀入篮下抛投不中，落地后的他在三名勇士球员的夹击之下，摘下进攻篮板，完成补篮。

欧文命中这一球，81比78，骑士终于将比分拉开了一丝缝隙。

随后，库里展现出"NBA第一神射手"的实力，命中超远距离三分球。此后，两队比分犬牙交错，几度打成平手。最后关头，科尔再度祭出勇士的决胜法宝——"死亡五小"，泰伦·卢则再次安排乐福重新披挂上阵。

比赛结束前1分09秒，伊戈达拉接库里妙传直插禁区投出一个势在必进的上篮，却被詹姆斯用一个顶板大帽无情封杀，而且骑士获得球权，此时双方战成89平。

此后，泰伦·卢请求暂停布置战术，将进攻权给予他们的关键杀手——欧文。

欧文面对库里的贴身防守，连续体前变向之后突然拔地而起，投出一记"彩虹"三分球，随着清脆的入网声，皮球应声命中。在比赛还剩53秒之时，凭借欧文这一记三分球，骑士以92比89领先勇士，3分优势在这个势均力敌的较量中，基本就奠定了胜势。

　　当欧文在"三分之王"库里面前命中了这记足以载入史册的三分球之后，颇有"以彼之道还施彼身"的意味。

　　随后，库里率领勇士反扑无果，格林无奈对詹姆斯施以凶狠犯规。虽然詹姆斯被犯规撞得有些眩晕，但还是完成了锁定胜局的一记罚球。此后，勇士强投三分球失手。

　　最终骑士以93比89险胜勇士，赢得"抢七大战"，并以总比分4比3淘汰勇士，夺得总冠军，成为NBA总决赛首支在1比3落后的情况下完成翻盘的球队。

　　詹姆斯在"抢七大战"豪取27分、11个篮板、11次助攻的豪华"三双"，成为NBA总决赛历史上第三位在"抢七"完成"三双"的球员。并以总决赛场均得到29.7分、11.3个篮板、8.9次助攻的豪华数据毫无争议地荣膺了总决赛MVP。

　　欧文虽然在"抢七大战"中仅得到26分，但命中了那记"一箭定江山"的三分球。此外，欧文在总决赛场均贡献27.1分、3.9次助攻和2.1次抢断，三分球命中率高

达 40.5%，成为詹姆斯身边最高效、最稳定的帮手和最冷血、无解的杀手。

詹姆斯与欧文联手为克城打破了长达 52 年的冠军荒。

2016 年总决赛，欧文低开高走，前两战失利以后，从第三战起开始发威，连续三场得分超过 30 分。他已克服了之前起伏不定的状态，打出稳定高效的进攻。

2016 年夏天，詹姆斯终于兑现诺言，为家乡克利夫兰带来一座总冠军奖杯。赢得冠军，全员欢庆，詹姆斯却跪倒在总决赛的地板上，掩面而泣，哽咽出那句"Cleveland ! This is for you"，令人不禁动容。

此届总决赛，年仅 24 岁的欧文显示出超越年龄的沉稳，他迅疾如电、灵敏如蛇，频频搅乱勇士内线。尤其是总决赛最后一刻，面对库里命中那记锁定胜局的三分球，将超级杀手的特性淋漓展现。"事了拂衣去，深藏功于名"，欧文也像杀手一样隐匿了自己，

在骑士夺冠的大合影时，躲在了角落里。

也许在那一刻，欧文也想如詹姆斯那样跻身C位，成为万众的焦点，但他首先要成为球队的老大。

虽然骑士夺冠的焦点大多都集中在詹姆斯身上，但欧文也非常享受夺冠游行时克利夫兰球迷的欢呼。

彼时，他站立在总冠军庆祝游行大巴的车顶，张开双臂，似乎在拥抱那繁花似锦的前程。

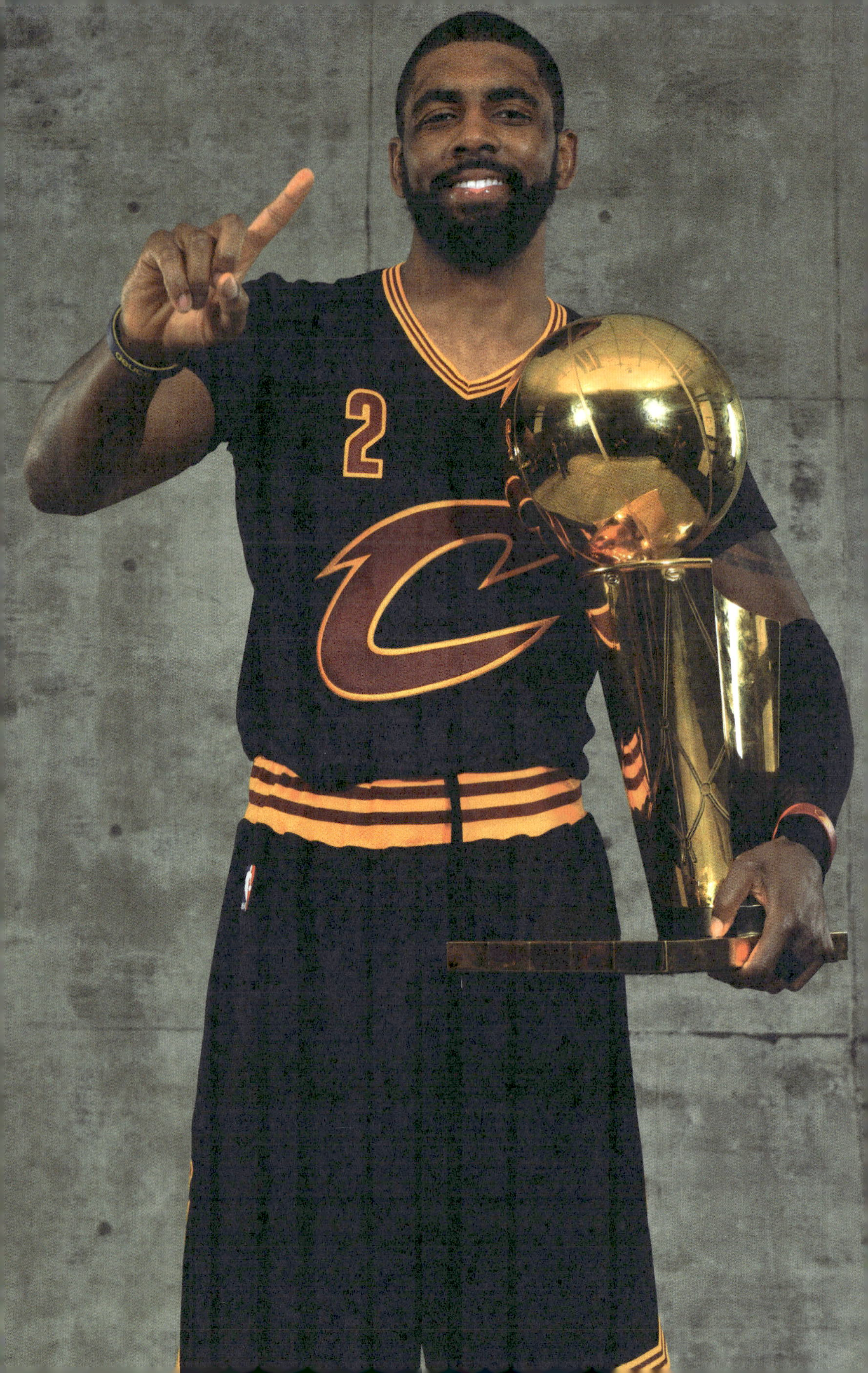
2

第七章
巅峰之后

仙锋正传 / 凯里·欧文

仙锋正传　　　　　　　　　　　　　　　　凯　里·欧　文

01 最成功的"状元"

KYRIE IRVING

2015/2016赛季，欧文终于完成了父母和自己的夙愿，也帮助对总冠军奖杯魂牵梦绕52年的克利夫兰人完成了心愿。与此同时，欧文也为自己赢得了一场横跨300天的、东西海岸的"口水赌局"。

事情要回溯到2015年休赛期，当时欧文受邀参加"大鲨鱼"奥尼尔主持的节目时，奥尼尔向他发问："如果总决赛，你和乐福都能健康出场，那么骑士是否可以夺冠？"对此，欧文毫不迟疑地回答道："在我看来，如果我们都健康，就能夺冠。"

这段采访曝光之后，勇士前锋德拉蒙德·格林就对欧文的"健康骑士夺冠假设论"予以反击，在他看来，欧文的这种假设实在是可笑，他的语气也自然是轻佻和嘲讽的："生活中总是充满了各种假设，我还想说，如果我能长6英尺11英寸（约2.1米）的话，我就是安东尼·戴维斯了。"

可随着欧文与詹姆斯联手率领克利夫兰骑士在2016年总决赛上演了"绝地反击"的戏码，逆转了常规赛豪取73胜的勇士，这场口水战也最终以欧文的胜利结束。

看来欧文的假设确实成立，当欧文和乐福都健康出战，勇士真的不是他们的对手。而欧文在最后的抢七大战里独得26分，命中关键三分的表现，也赢得了之前嘲笑他的格林的尊重。"我必须承认在这个系列赛里，骑士才是表现更好的球队，而欧文的表现更是无可挑剔。"一向"不服输"的格林也对欧文给予了由衷的赞扬。

而在欧文成功夺冠之后，也成为NBA最近10年第一位也是唯一一位捧起总冠军奖杯的"状元秀"，或者说他是这10年最成功的"状元"。

回看近10年的NBA"状元"，由于种种原因，

均无缘得到总冠军金杯的青睐。

  2006 年，安德里亚·巴格纳尼作为首位来自欧洲的"状元"，进入联盟之前一度被称为既有加索尔的内线技术，又拥有诺维茨基的外线柔和手感，不过早已泯然众人。

  2007 年"状元"格雷格·奥登更是一度被誉为"奥尼尔 + 邓肯"的结合体，被冠以"大帝"尊号，但无奈伤病猛于虎，彼时他早已在 NBA 里销声匿迹。

  2008 年"状元"德里克·罗斯曾贵为最年轻的 MVP，但同样躺倒在伤病之上。

  2009 年"状元"布雷克·格里芬在季后赛中常年被"黑白双熊"打得找不着北。

  2010 年"状元"约翰·沃尔和 2012 年"状元"安东尼·戴维斯都有些时运不济。至于 2013 年"状元"本内特，已经在与夸梅·布朗竞争"最水状元"的头衔。2014 年、2015 年"状元"维金斯和唐斯还只是明尼苏达森林中的"幼狼"。

  欧文在 2011 年以"状元"身份进入联盟之后，整整五个赛季场均为骑士贡献 20.8 分，三次入选全明星，并在 2016 年为骑士夺得总冠军。这就是对欧文实力的最好证明，当然运气确实也是实力的一部分。

仙锋正传　　　　　　　　　　　　　　　凯里·欧文

02 K
致敬科比
KYRIE IRVING

　　2015/2016赛季，1992年出生的欧文显示出超越年龄的沉稳老练，除此之外，欧文的情商和口才也是不错的。

　　在一次参加访谈节目时，欧文第七场的三分投篮被主持人称为新的"The Shot（那一投）"。主持人问欧文看了那个投篮几次，欧文回答："实际上我看了'The Block'（詹姆斯关键时刻对伊戈达拉的盖帽）很多次，没有那个盖帽，就没有我的那个投篮。"

　　虽然自己表现得很出色，但是欧文却依然保持谦虚，可见情商之高。好的领袖其实也是好的演说家，能调动大家的情绪，能在顺境时帮助大家平稳心情，能在逆境中鼓励

伙伴前进，欧文在接受采访时的侃侃而谈，就证明了这一点。

还有件有意思的事情，欧文在夺冠之后，在自己的社交媒体上发表了一句"曼巴精神"，人们才明白原来欧文一直都是科比的忠实拥趸。事实上，在欧文的眼里，科比不仅仅是他年少时的偶像，更是他前行路上的精神导师，一直伴随他每次征战。

欧文称科比是良师益友，在2016年季后赛的整个征战过程中，他都保持着与科比紧密地沟通与交流。"（总决赛最后一场）比赛结束后，一进更衣室我就和科比开始了FaceTime（视频通话），与他分享我的喜悦，他也恭喜我获得总冠军。"

提起科比，欧文赞不绝口："当我打完这个系列赛，已经筋疲力尽时，我才意识到这枚总冠军戒指是多么来之不易，而他都已经获得了五枚总冠军戒指。我拥有夺冠的经历之后，对他的崇敬又上升了一个层级，我会努力争取第二个总冠军。"

"其实整个季后赛期间我都跟科比保持着联系。但到了总决赛，我们之间的交流并没有以前那么多，是因为我想独自面对这整个过程。虽然他经常给我发短信（鼓励我），但最主要的是，他懂得给我留有自己空间，让我做自己。"

谈到科比，欧文的崇敬之情溢于言表，俨然一副小球迷的模样。

此外，欧文在夺冠之后做出一个重要决定，把自己的首枚总冠军戒指送给父亲德雷德里克，父亲是他的篮球启蒙导师。"我非常感谢我的父亲，"欧文说，"所以从我十二三岁开始，我的每个奖品、每个奖杯都给了我父亲。"

关于夺冠之后新赛季的展望，欧文还说："那不过是一段新旅程的开始。因为我们领到总冠军戒指，所以将被球迷们万众期待，也会成为对手的众矢之的，不过那都是几个月之后的事，我现在只想充分享受一下夺冠的喜悦与悠长的假期。"

然而，欧文的假期非常短暂，因为他要马上踏上全新的奥运征程。

仙锋正传

凯里·欧文

03 奥运夺金

KYRIE IRVING

挟总冠军之余勇，踏梦幻风雷，如旋风乍起，似精灵穿行。

欧文在2015/2016赛季终于如愿以偿捧得总冠军金杯之后，马不停蹄，再度披挂，进入美国男篮"梦十二"，为国效力，奔赴巴西里约奥运会。

美国篮联对于奥运金牌尤为看重，所以"梦十二"阵容中不乏杜兰特、安东尼这样的FIBA"大杀器"压阵，但贵为2014年男篮世界杯MVP的欧文还是表现相当抢眼。

最终，"梦十二"以8战全胜战绩夺得2016年里约奥运男篮冠军，欧文在自己首次奥运之旅的8场比赛里交出场均11.4分、4.9次助攻和2.5个篮板的闪亮成绩单。他坐镇美国"梦之队"后场，传控调度，颇有大将之风。其中，对阵法国男篮时，欧文送出12次助攻，追平美国男篮奥运史上单场助攻纪录。

2016年8月11日，对阵澳大利亚男篮，堪称那届奥运会美国"梦十二"遇到的最惊险的一次较量，经过四节苦战，最后1分半，美国男篮被澳大利亚男篮追到只剩4分。危急时刻，欧文面对骑士队友德拉维多瓦抬手命中一记（几乎复制总决赛那记绝命三分）远投。凭借此球奠定的胜势，美国男篮最终以98比88战胜澳大利亚男篮。

美国"梦十二"将里约奥运男篮金牌收入囊中，完成"梦之队"奥运三连冠。这枚奥运金牌对欧文意义非凡，因为里约奥运是他的大学恩师"老K"教练执教美国男篮的最后一站，这枚金牌就是欧文和"梦十二"送给"老K"教练的最好的告别礼。

里约夺冠之后，欧文成为在同一年夺得 NBA 总冠军、奥运金牌的传奇球员。之前完成如此壮举的也只有三人，分别为乔丹（1992 年）、皮蓬（1996 年）、詹姆斯（2012 年）。自此，"一年双冠"成为欧文职业生涯中最为浓墨重彩的一笔。

回看 24 岁的欧文在世界篮坛的征程，可谓荣誉满载，而且历史悠久。

2010 年 6 月，欧文就曾代表美国男篮以 5 战全胜的成绩夺得 18 岁以下美洲篮球锦标赛的冠军。

2012 年 5 月，欧文入选 2012 年夏天美国国家队集训的名单。

2014 年 8 月 23 日，欧文入选美国男篮"梦十一"名单。

2014 年 9 月 15 日，欧文率队在西班牙男篮世界杯夺冠，并荣膺 MVP。

2014 年 12 月 22 日，欧文获得"美国篮协 2014 年度最佳男运动员"的称号。

2016 年 6 月 27 日，欧文入选美国男篮"梦十二"，征战里约奥运会。最终，欧文也率队以全胜战绩夺得金牌，成为男篮世界杯与奥运会的双料冠军。

卫冕启程

KYRIE IRVING

　　2016年休赛期，作为新科总冠军的骑士为了下赛季的卫冕而开始筹划。他们保留了大部分的阵容班底，但德拉维多瓦和莫兹戈夫在夺冠赛季表现出色而水涨船高，在更高的薪水诱惑面前，两人选择相继离开，这无疑削弱了骑士的阵容厚度。

　　2016年10月26日，新赛季的揭幕战上，骑士主场迎战尼克斯。在这场比赛前，骑士举行了总冠军颁奖仪式，球员们领取戒指，速贷球馆升起了队史首面冠军旗帜。

　　也许是总冠军戒指的鼓舞，欧文在这场揭幕战中状态不俗，仅出战三节，便得到29分、4次助攻，其中第三节，欧文10投8中，狂砍19分，率领骑士以18分的优势进入第四节。

　　最终，骑士以117比88狂胜对手，欧文在第四节已作壁上观。

　　11月24日，骑士坐镇主场迎战开拓者。此前在詹姆斯与欧文身边相对沉寂的"第三巨头"乐福突然爆发，在首节手感滚烫，14投11中，三分球10投8中，狂砍34分。单节34分也创下NBA历史单节第二高的得分纪录，仅次于汤普森的单节37分。

　　接下来的11月28日，欧文在骑士与76人的东部首尾大战里轰下39分，其中在末

第七章 / 巅峰之后　　　　　　　　　　　　　　　　Kyrie Irving

节独砍 19 分，率领骑士在最后时刻逆转 76 人。

欧文与乐福状态极佳，詹姆斯也不遑多让，"三巨头"率领骑士在 2016/2017 赛季开启之后便以 13 胜 2 负的战绩在东部一骑绝尘。在此期间，詹姆斯场均以 25.4 分、7.8 个篮板、9 次助攻的全能数据傲视群雄。

接下来的骑士虽然有所起伏，但还是渐入佳境。欧文继续高光表演，詹姆斯依旧全能，乐福似乎也突然找回了昔日"狼王"的风采，连老将杰弗森和弗莱都焕发了第二春。

12 月 2 日，骑士坐镇主场迎接保罗领衔的快船，欧文砍下 28 分，职业生涯首次连续 8 场比赛得分 20+。12 月 18 日，欧文又在对阵湖人的比赛中送出平个人生涯新高的 12 次助攻，还拿下 21 分、6 个篮板。12 月 22 日，骑士对阵雄鹿，欧文很快又将生涯助攻新高提升到 13 次，还砍下 31 分、贡献 6 个篮板……

欧文似乎想要成为骑士除詹姆斯之外的又一名全能战士，欧文的强势崛起，对骑士而言无疑是一种惊喜，能保障在老詹下场休息时阵中还有一个核心驱动器。

05 圣诞决胜

KYRIE IRVING

2016年12月26日，克利夫兰的速贷球馆，一场万众瞩目的"圣诞大战"正式打响。

骑士坐镇主场迎战老对手勇士，虽然克利夫兰骑士在总决赛的舞台上已经战胜过对手，报了一箭之仇，但在"常规赛季"方面还有一笔旧账要算，那就是骑士在2016年1月19日，以98比132惨败给勇士，这也导致布拉特教练黯然下课。

所以2016年"圣诞大战"，骑士与勇士宿敌见面，开场便陷入殊死相搏，强度瞬间达到总决赛的级别。两队已经连续两年在总决赛上相遇厮杀13场，彼此间已经没有任何秘密，而且双方认定，依旧要在总决赛中成为终极对手。

勇士在2016年休赛期得到联盟第一"单打大魔王"杜兰特，实力更加深不可测，但此时的KD与勇士尚在磨合期。即便如此，杜兰特还是砍下36分，摘下15个篮板。詹姆斯也用31分、13个篮板做出强势回应，两大当世最强小前锋形成"兑子"。

一场风云际会、群雄毕至的巅峰对决，一个闪亮的结尾必不可少，于是欧文在第四节接管比赛，最后1分钟内连得4分，包括那记扭转乾坤的制胜准绝杀。

当时，克莱·汤普森最后一攻24秒违例。骑士获得球权，此时落后1分，且没有暂停。欧文从后场持球推至前场，面对汤普森的防守，一个加速没有晃开空间，瞬间衔接一个转身后仰跳投，皮球越过克莱的扑防的指尖，丝滑入网。

凭借欧文这记准绝杀，骑士以109比108反超，仅留给了勇士3.4秒。

之后，随着杜兰特的三分球偏出，骑士以109比108险胜勇士。

欧文在终场前3.4秒的翻身后仰准绝杀，犹如天神附体，几乎复制了上赛季总决赛的神奇一投。欧文在本场"圣诞大战"得到25分，并完成生涯新高的7次抢断。

此外，欧文在第四节独得14分，还贡献2次助攻、3次抢断，在这记准绝杀之前，欧文亲手掀起了骑士的反攻狂潮，一举抹平落后勇士的14分。

欧文在末节无所不能，迎着格林命中三分球，助攻詹姆斯暴扣，鬼手抢断杜兰特，划过篮筐的优美拉杆，还有刺出狙杀对手那封喉一剑……

若干年后，令联盟闻之色变的"末节之王"欧文，在此刻已经初见端倪。

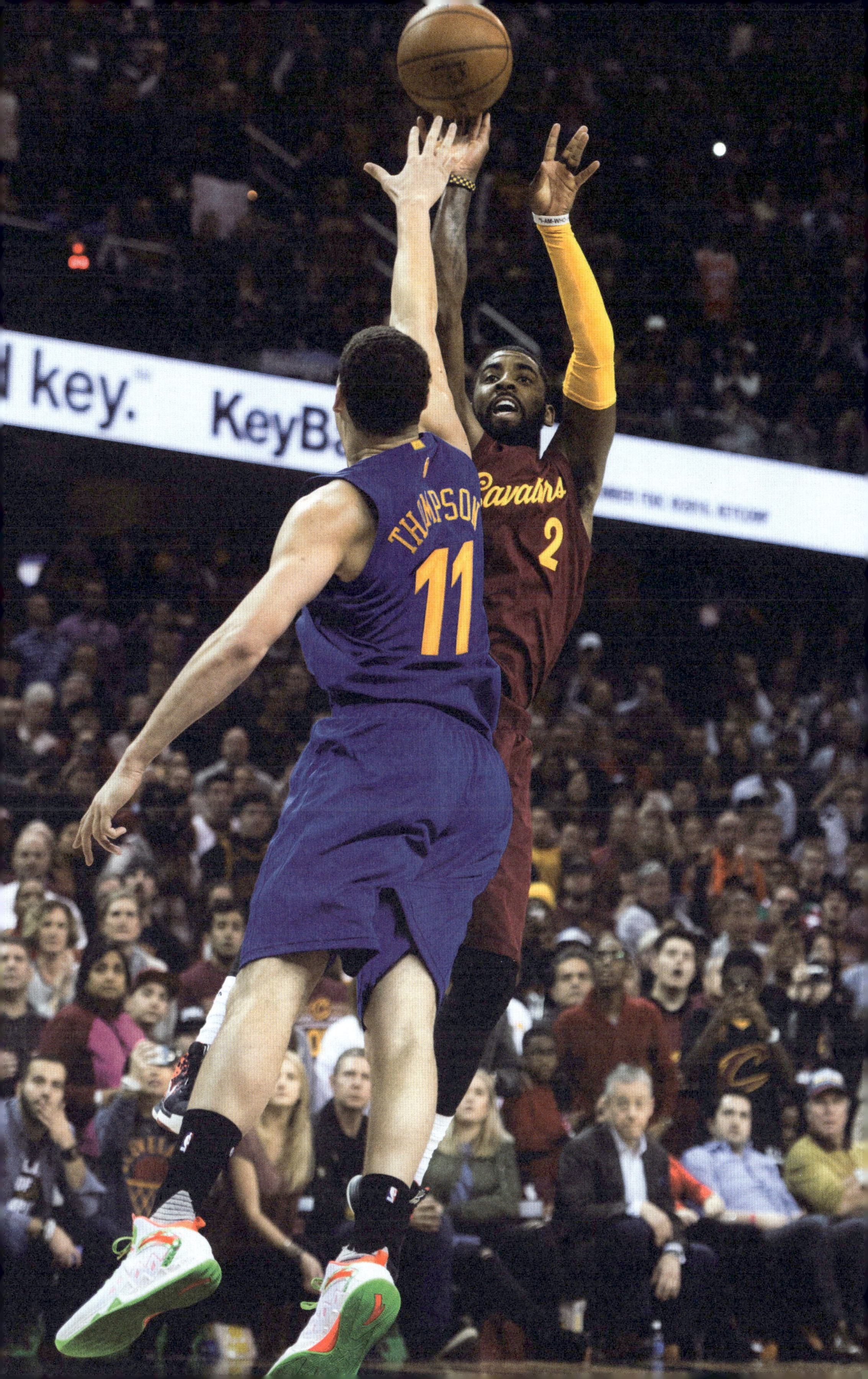
key.
THOMPSON
11
Cavaliers
2

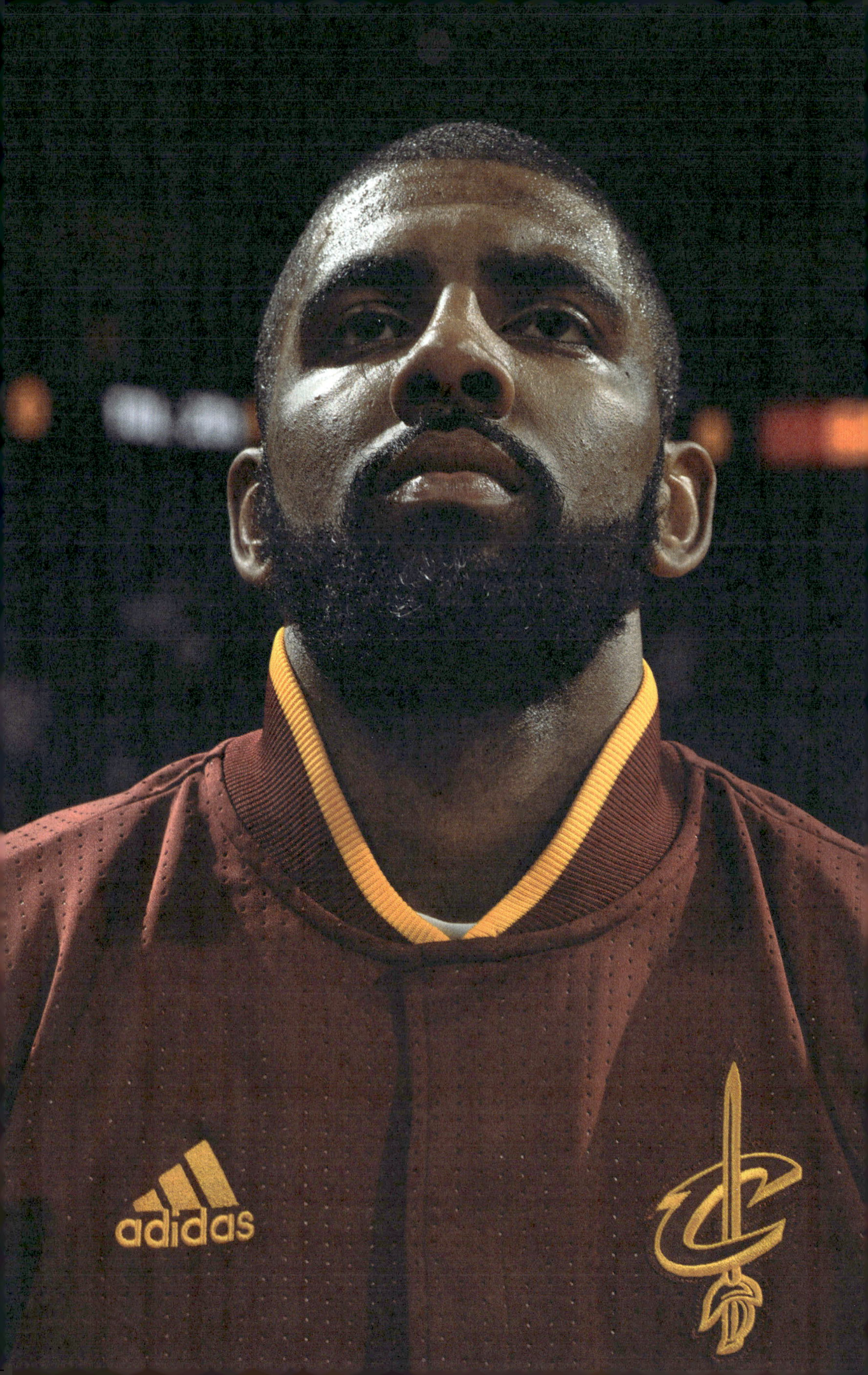
adidas

第八章
巅峰忽止

仙锋正传 / 凯里·欧文

| 仙锋正传 | 凯 里·欧 文 |

01 K
刺客型领袖

KYRIE IRVING

随着"圣诞大战"击败勇士,骑士愈发不可阻挡,进入 2017 年,欧文表现更加强势。2017 年 1 月 20 日,骑士以 118 比 103 战胜太阳,此役欧文得到 26 分,累计得到 7269 分,超越拉里·南斯(7257 分),排名升至骑士队史总得分榜第 8 位。

2017 年 1 月 24 日,骑士在客场以 122 比 124 憾负鹈鹕,欧文砍下生涯第三高的 49 分。2 月 2 日,骑士在客场以 125 比 97 大胜森林狼,欧文又送出生涯新高的 14 次助攻。此时的欧文并不专注于得分,在策动与串联队友进攻上也颇有造诣。

2016/2017 赛季,欧文在多个场次助攻上双,而在他助攻达到 10 次及以上的比赛,骑士保持全胜。此外,欧文在篮板与抢断方面也进步明显,逐渐变成一名"全能战士"。

而欧文提升的同时,骑士还将科沃尔这样的顶级三分射手招入麾下,以"三巨头"为核心的骑士,正在构建立体的进攻火力体系。

2017年2月20日，新奥尔良全明星赛正式上演。欧文出任东部首发控卫，贡献22分、7个篮板，送出全场最高的14次助攻，将全能的光芒闪耀在全明星盛宴之上。

作为联盟平均年龄最老的球队之一，骑士在全明星周末之后显露出疲态。克利夫兰的阵容在本赛季迅速老化，在师老兵疲的逆境下，年轻的欧文扛起进攻大旗。

2017年2月28日，骑士击败雄鹿，欧文独得25分、9次助攻，生涯累计送出2007次助攻，上升至骑士队史的第8位。3月25日，骑士以112比105战胜黄蜂，欧文砍下26分。将个人连续得分20+的场次纪录刷新到20场。

随后，骑士被老辣的马刺击败，欧文在那场比赛中只拿下8分。

赛后接受采访时，欧文毫不推诿地承担了责任："作为控卫，我的工作就是帮助队友融入球队，找到摆脱失败的办法，我们应该多交流，彼此了解对方的需求。"

"不能满足于只赢得一个总冠军。"欧文说道，"要去赢得更多的总冠军。我作为球队的领袖之一，必须时刻激励大家，保持对冠军的渴望，并不断为之奋斗。"

虽然此时的欧文还很年轻，但从言谈举止来看，他已经成长为骑士合格的领袖了。

彼时，欧文是骑士甚至全联盟单打效率最高的球员，每回合单打能得到1.2分（詹姆斯为0.95分）。纵观历史，欧文的单打效率也鲜有匹敌，已经超过了2013/2014赛季常规赛MVP时期的杜兰特，以及2010/2011赛季的诺维茨基，甚至还超过了2005/2006赛季场均35.4分的得分王科比。毫无疑问，欧文已经摇身一变成为当今联盟第一单打王。

当时，这位能在关键时刻屡次绝杀对手的顶级刺客，其实只有25岁。

仙锋正传　　　　　　　　　　　　　　　　　　　　　　　　凯　里·欧　文

02 詹欧默契

KYRIE IRVING

  2017年3月20日，骑士在客场以125比120逆转击败湖人。欧文全场21投15中，三分10投6中，罚球10投全中，以超过70%的命中率砍下全场最高的46分，其效率之高可谓世间罕见。虽然欧文在本赛季保持着极高的水准，但"年迈"的骑士在漫长征程之中还是有些虎头蛇尾，尤其在赛季末期因状态低迷而丢掉了东部头名的宝座。

  2016/2017赛季战罢，作为上届冠军的骑士仅拿到51胜31负，不仅排在凯尔特人（53胜）之后屈居东部第二，还与西部豪取联盟第一战绩67胜的勇士拉开了差距。

  欧文在2016/2017赛季场均得到25.2分、3.2个篮板、5.8次助攻与1.1次抢断，命中率达到生涯新高的47.3%，罚球命中率达到生涯新高的91%，三分命中率也达到联盟精英级别的40.1%，如此全能与高效的欧文成为骑士的亮点之一。

  骑士亮点之二便是詹姆斯，他在2016/2017赛季场均贡献26.4分、8.6个篮板、8.7次助攻，得分创造了回归骑士后的新高，篮板和助攻更是双双刷新个人生涯纪录。

  球迷们在2016/2017赛季看到欧文无数次用即兴动作闪电过人将球打进，而且每次过人绝无雷同。他能在对方防守腹地翩然而舞，用一个挥摆球的虚晃动作，或者用一个从容优雅的滑翔拉杆，将球轻盈地送入篮筐，还有命中那些流光溢彩的三分球……

  2016年总决赛"抢七大战"的那记制胜三分球，让欧文升华。他也逐渐成为詹姆斯的最佳拍档，"持球大核心+顶级刺客"的王炸模式在那一刻似乎已见雏形，以至于多年以后，当东契奇与欧文联手搭档时，总有一种似曾相识的感觉。

  欧文以单打见长，虽然传球精妙，但往往是即兴为之。詹姆斯则是联盟中大局观最强的指挥官之一，同时他又能在攻防两端维系住骑士的基本盘。

  彼时，詹姆斯给了欧文最大的自由度，而欧文在詹姆斯吸引重兵防守之时总能找到对手的命门。"詹欧组合"，一个指挥若定，一个冲锋陷阵，契合度满分。

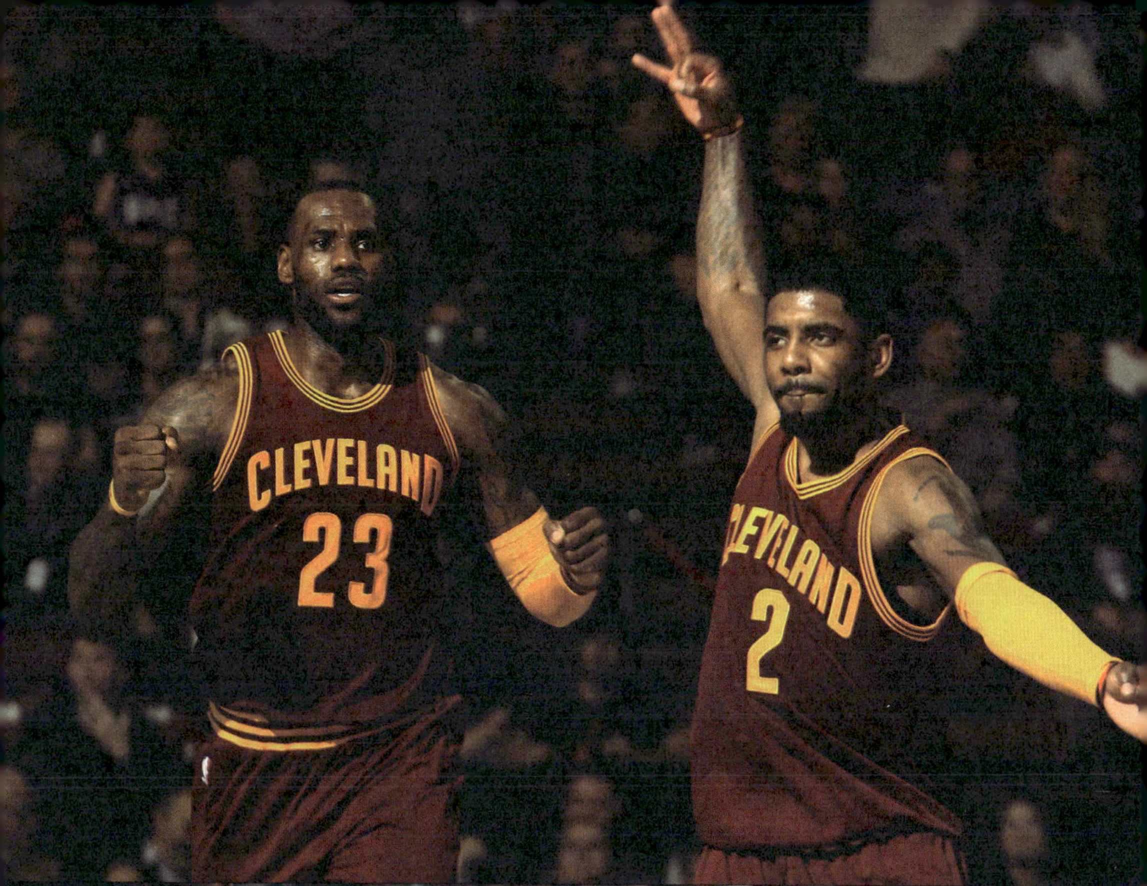
CLEVELAND
23
CLEVELAND
2

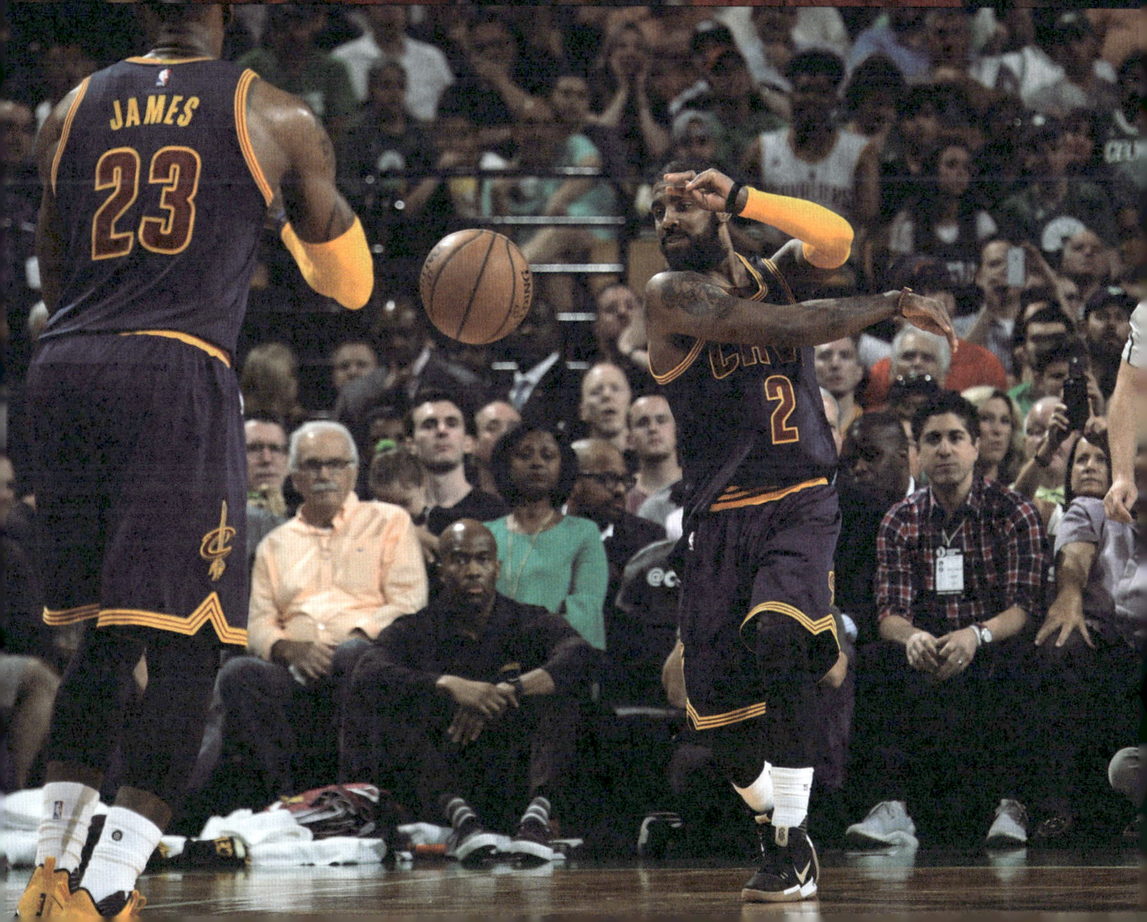
JAMES
23
2

仙锋正传

03 三临东巅

2017年4月16日,季后赛拉开大幕。骑士在首轮第一场以1分之差险胜保罗·乔治领衔的步行者。首战打得如此艰难,克利夫兰球迷不禁为球队卫冕前程而担心。

季后赛首轮第二场,欧文开始发威,独砍37分,率领骑士再胜步行者。

在欧文吹响进攻的号角之后,骑士人人奋勇,再度两胜开拓者,于季后赛首轮横扫对手,轻松挺进东部半决赛。横扫步行者之后,詹姆斯个人的季后赛总战绩为135胜68负,以66.5%胜率追平乔丹,总胜场数追平科比。此外,詹姆斯率队10次横扫对手,超越邓肯(9次),成为NBA历史上横扫对手次数最多的球员。

2017年东部半决赛,骑士迎来"后场双枪"(德罗赞&洛瑞)领衔的多伦多猛龙。

骑士不仅压制住"猛龙双枪"的后场火力,还利用詹姆斯在锋线上的优势大举进攻。欧文虽然隐匿了直接进攻的锋芒,但在策动队友方面表现突出,送出三场全队最高的助攻数,并且在东部半决赛第二战中得到22分,送出个人季后赛新高的11次助攻。最终,骑士以4比0轻松横扫猛龙,昂首挺进东部决赛。

2017年5月18日,东部决赛第一场,骑士在客场以117比104轻取凯尔特人,詹姆斯砍下38分、9个篮板、7次助攻。第二场,欧文11投8中,高效砍下23分,力助骑士以130比86狂胜凯尔特人,而44分也成为NBA季后赛历史第四大分差。

第二场,"绿衫军"核心小托马斯因臀部拉伤提前退赛。虽然凯尔特人在第三场以111比108扳回一城,但失去第一得分手的"绿衫军"已经无力抵挡骑士的铁蹄。

2017年5月24日，东部决赛第四场。欧文22投15中，砍下个人季后赛新高的42分。其中第三节，欧文10投9中，独得21分。尤其是在詹姆斯半场四犯被迫下场，骑士最多落后16分的逆境下，欧文在遭遇脚踝90度扭伤时，却轻伤不下火线，连得14分，掀起骑士反攻的狂潮，最终率领骑士以112比99逆转击败凯尔特人。

　　2017年5月26日，骑士在第五场以135比102战胜凯尔特人，以总比分4比1淘

汰对手，杀入总决赛，这是骑士连续三次夺得东部冠军，并站在总决赛舞台之上。

2017年总决赛，骑士迎来西部的对手依然是勇士，连续三年"骑勇大战"，詹姆斯与库里两位阿克伦男孩连续三次顶峰相见，都将成为NBA的一段佳话。

2017年季后赛，骑士以12胜1负的绝佳战绩从东部杀入总决赛，而勇士在西部通关到总决赛的胜率更是达到（12胜0负）100%。这两支历史级别的强队，如果放到其他年份，其中任何一支球队都能轻松夺冠，但命运之神偏偏让他们相遇。

从骑士到热火，再回到骑士，詹姆斯的球队已经8次问鼎东部，连续7年杀进总决赛。詹姆斯是无可争议的东方不败、联盟之皇。而欧文成了詹姆斯身边的"关键杀手"，一旦老大哥进攻受阻时，欧文就会责无旁贷地成为主力得分手。

天下武功，唯快不破。欧文不仅快而且善于变化，变向、变速、变频……无论遇到任何重兵防守，他最终都能够将球投进篮筐。欧文突破成功率之高、方式之华丽、路线之莫测，都令人叹为观止。较去年而言，欧文变得更强了，这位球风华丽的节奏大师，掌控着篮球，随时能通过各种匪夷所思的进攻技巧，撕裂对手的防线。

总决赛的舞台，熟悉的金州勇士，欧文的绝命三分和"圣诞大战"的力挽狂澜似乎近在眼前。他现在唯一需要做的就是，率领骑士完成卫冕。

第八章 / 巅峰忽止　　　　　　　　　　　　　　　　　　　　Kyrie Irving

04 K
巅峰之殇

KYRIE IRVING

　　骑士与勇士再决，实力天平悄然反转。杜兰特的加盟，让勇士拥有历史最强级别的进攻能力，"水花兄弟"升级为"海啸组合"。即便对手掐死勇士的三分线，杜兰特也会用无解单打让勇士的华丽进攻延续。面对这样的"宇宙勇"，骑士几乎没有胜算。

　　2017年6月2日，甲骨文球馆，骑士与勇士展开总决赛的第一场对决。

　　欧文充当"急先锋"，命中远投后又上篮得手，率先以12比8打开局面。之后勇士追上比分，又是欧文挺身而出，在上半场临近结束前迎着汤普森打成一次"3+1"。

　　纵然欧文和詹姆斯都竭尽全力，但双拳难敌四手，勇士不仅整体更强，并且还有独砍38分的杜兰特。"死神"扼杀了比赛的悬念，勇士以113比91大胜骑士。

　　总决赛第二场，勇士更是没给骑士一点机会。欧文在对方严防死守下23投仅8中。

仙锋正传

纵然詹姆斯豪取 29 分、11 个篮板和 14 次助攻，追平了"魔术师"总决赛的"三双"次数，却依然无法阻止骑士的溃败，113 比 132，勇士赢得畅快淋漓。

2017 年 6 月 8 日，欧文终于爆发"小宇宙"，他里突外投，狂砍 38 分。詹姆斯豪取 39 分、11 个篮板和 9 次助攻，"詹欧组合"携手打出最好的"双核"进攻，但骑士依然以 113 比 118 不敌勇士，总比分 0 比 3 落后。

骑士要击败勇士，不能只依靠詹姆斯超强发挥与欧文疾袭突破，其余众将也要火力全开。而骑士在此次总决赛中除了"詹欧组合"，几乎全面哑火。

6 月 10 日，总决赛第四战，对于骑士来说为尊严而战。输掉此役，骑士不仅被横扫，也将成为勇士季后赛（16 胜 0 负）全胜夺冠传奇的背景板。

所幸的是，骑士在主场迸发出惊人的战斗力。欧文此役犹如神助，27 投 15 中，三分球 12 投 7 中，砍下全场最高的 40 分，率领骑士以 137 比 116 狂胜勇士，将总比分改写为 1 比 3。值得一提的是，这是欧文在总决赛中第二次单场砍下至少 40 分。

6 月 13 日，实力更胜一筹的勇士回到甲骨文球馆没有再给骑士任何机会，129 比 120，勇士拿下胜利，以总比分 4 比 1 击败老对手，夺得总冠军。

金州人捧得奥布莱恩金杯，骑士卫冕之梦破碎。虽然巅峰落败，但欧文已证明在决战时刻的锋锐与高效，他就是骑士与之短兵相接时那柄刺破对手心脏的快刀。

欧文展现出联盟首屈一指的个人攻击力，无论多么挑剔的旁观者，都会对欧文的控球技巧、突破能力、跳投技艺心悦诚服。欧文简直就是一个小个子"进攻万花筒"，无

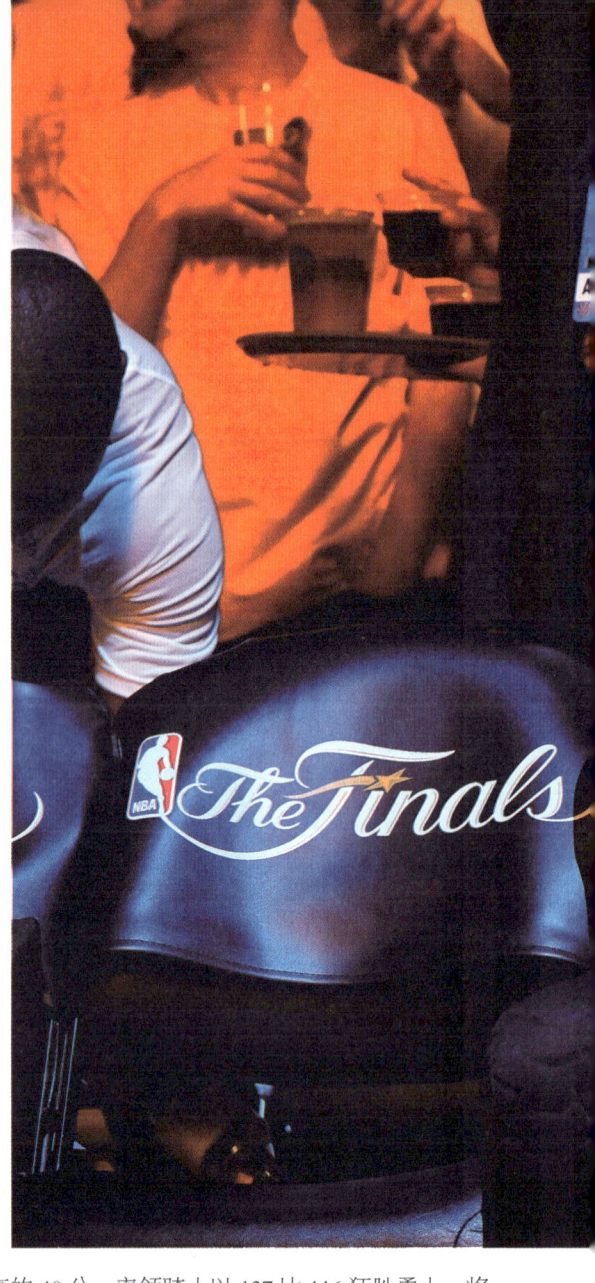

论防守者多么努力，他总能找到得分的办法。

欧文在 2017 年季后赛场均得到 25.9 分、2.8 个篮板、5.3 次助攻。更为难得的是，欧文在过去三年的总决赛场均能砍下 28 分，并且有两场得分 40+。也就是说，欧文是那种比赛级别越高发挥越勇的"大心脏"球员，也是联盟中最可怕的持球单打手之一，单从个人进攻犀利程度而言，并不在库里之下。

经历跌宕起伏的 2016/2017 赛季以及骑士巅峰落败之后，欧文的心中似乎泛起一丝涟漪，一场震动联盟格局的惊世交易正在悄然破土而出。

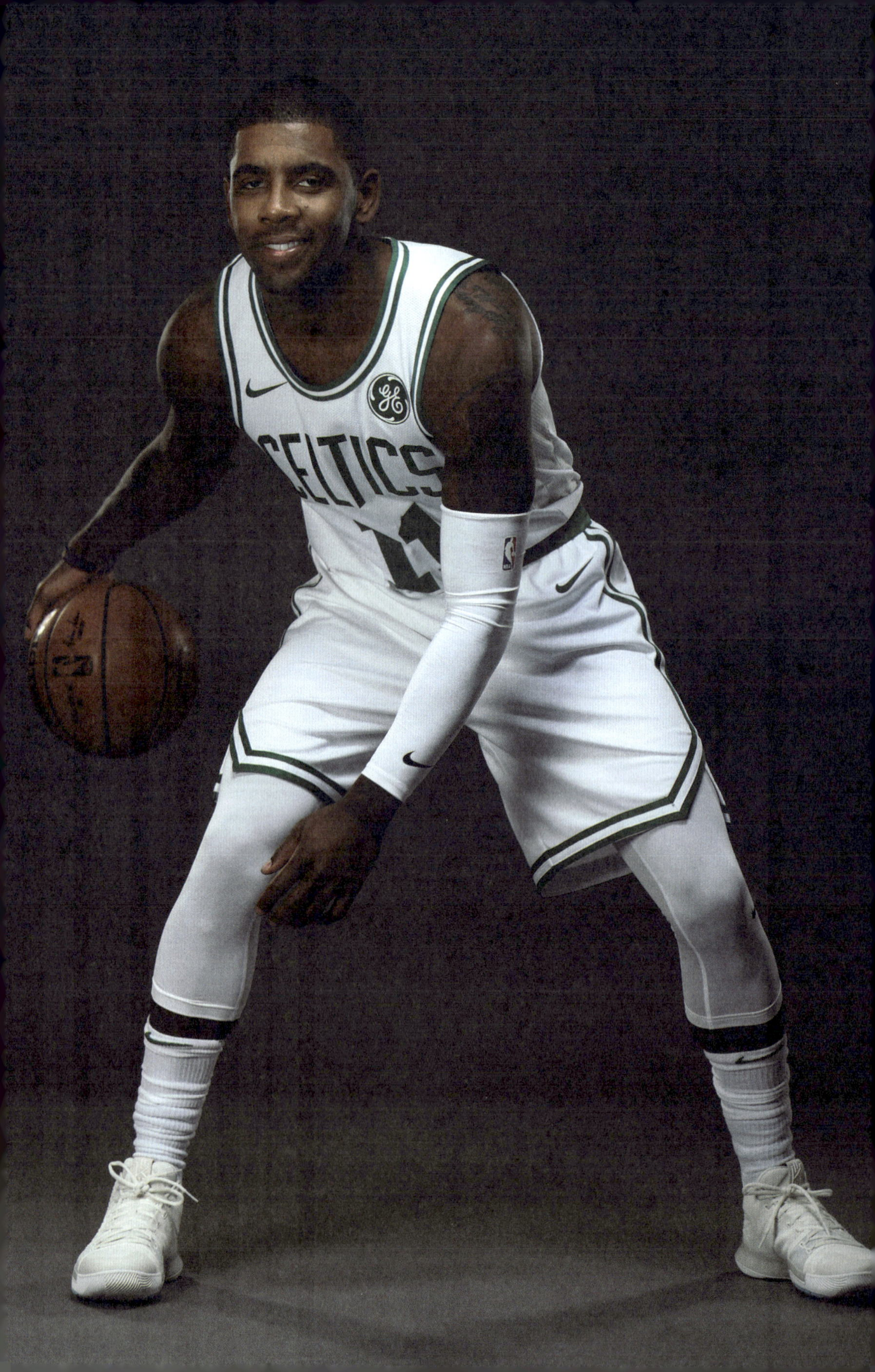
CELTICS

第九章
赴凯封王

仙锋正传 / 凯里·欧文

仙锋正传　　　　　　　　　　　　　　　凯　里·欧　文

01 K 忽而离骑

KYRIE IRVING

2017年7月22日，欧文突然向骑士提出了交易申请……

因为事发突然，且毫无征兆，所以欧文要求交易的消息一经传出，便震动了整个联盟。

欧文为什么要走？詹姆斯作何感想？欧文会去哪儿……一时间种种疑问浮现。

欧文已经是NBA最成功的"90后"球员，是冉冉升起的新一代超级巨星，也是詹姆斯身边的最强"二当家"，甚至能比肩热火时期的韦德。NBA许久没有出现过已经戴上总冠军戒指的超新星，且在争冠球队，主动提出交易申请的事件了。

从某种意义上说，欧文的出走，既是意料之外，又是情理之中。

2017年夏天，欧文遇到了事业发展的瓶颈。虽然他跟随骑士夺得了2016年的总冠军，但夺冠的焦点都集中在詹姆斯身上。"皇者归来，兑现承诺率领家乡球队夺冠"的大戏才是世人津津乐道的话题，而欧文命中制胜三分球也只是大戏中的华丽一笔。

詹姆斯的光环太耀眼，躲在光环背后的欧文，多少有些黯然。

欧文在2016/2017赛季已经展现出独霸一方的实力与能量，而且他作为"二当家"已经夺得过总冠军。留在骑士，在詹姆斯身边，即便将来再次夺冠，欧文也只是将冠军球队"二当家"的戏码再重复一次。骑士的阵容配置与战术布置都是围绕詹姆斯而定，因此，欧文的球权与战术也日趋减少，逐渐成为功能单一化的"单打得分手"。

2017年夏天，25岁的欧文也渴望像詹姆斯那样成为一支球队的真正核心与老大，独自率队夺冠。当一个男孩成长为男人，都会产生领袖群伦、征服世界的雄心，这也是人性的基本逻辑。所以，欧文迫切自立成王，无关对错，何况他是那么的优秀。

2016/2017赛季，球迷们无数次见证过欧文盘旋晃过对手，完成达阵得分。他已经成长为当今联盟最出色的突破大师，灵动的螺旋步几乎让所有对手如坠梦中。

在詹姆斯归来后，原本作为球队当家球星培养的欧文地位下降，其中有欧文自己的单独带队战绩不佳的原因，但也因为骑士有着詹姆斯，欧文很难再去证明自己的单独带队能力，他只能作为得分手通过进攻为球队取得胜利，而非领袖与老大。

欧文向骑士提出交易申请的消息一经传出，联盟诸雄纷纷闻风而动，快船、森林狼、

太阳、马刺、尼克斯等球队纷纷抛来橄榄枝，而骑士还没做好失去欧文的准备。

2017年8月23日，欧文交易尘埃落定。凯尔特人送出以赛亚·托马斯、贾伊·克劳德、安特·日日奇和一个来自篮网2018年首轮无保护选秀权，从骑士得到凯里·欧文。

面对交易，欧文心中五味杂陈，对克利夫兰骑士岁月的不舍与对波士顿凯尔特人新生的憧憬交织在一起，无法释怀，所以在交易完成之后，欧文发表了深情告别信。

"我在克利夫兰所经历的一切，有成功，有失败，但无论如何，我们都会重新站起来，继续战斗，这就是克利夫兰精神。感谢这里的球迷、队友和工作人员，是你们让我在克利夫兰有了家的感觉。19岁的我来到这座城市，25岁的我告别这里，开始前往人生旅途的另一站。我在这里度过了6年美好时光，所经历的一切，都值得永远铭记。"

詹姆斯在得知欧文被交易时也表示震惊与不舍，第一时间发文："你是如此的特别，如此的天赋异禀，我会一直珍重我们在一起奋斗的3年时光。"

欧文离开骑士，并非因为詹姆斯，而是男人成长的一种必然。但"詹欧组合"因此分道扬镳，也令人无限唏嘘。欧文的高中教练博伊尔曾直言不讳地说："勒布朗和欧文的组合，堪比'OK'这种级别的组合，是30年一遇的。"

2011年横空出世，6年骑士生涯，年仅25岁的欧文已囊括4届全明星和1届总冠军。那华丽的过人脚步和飘逸的三分，是他独树一帜的标签。作为联盟的顶级攻击手，他曾为骑士立下汗马功劳，而入主波士顿，他又将怎样亮剑。

欧文对于克利夫兰骑士心存感恩与留恋,从2011年以"状元"身份被骑士选入联盟,到2017年转身离去,6年时光荣辱与共,欧文在这里经历过高峰低谷,也品味过无数悲欢。

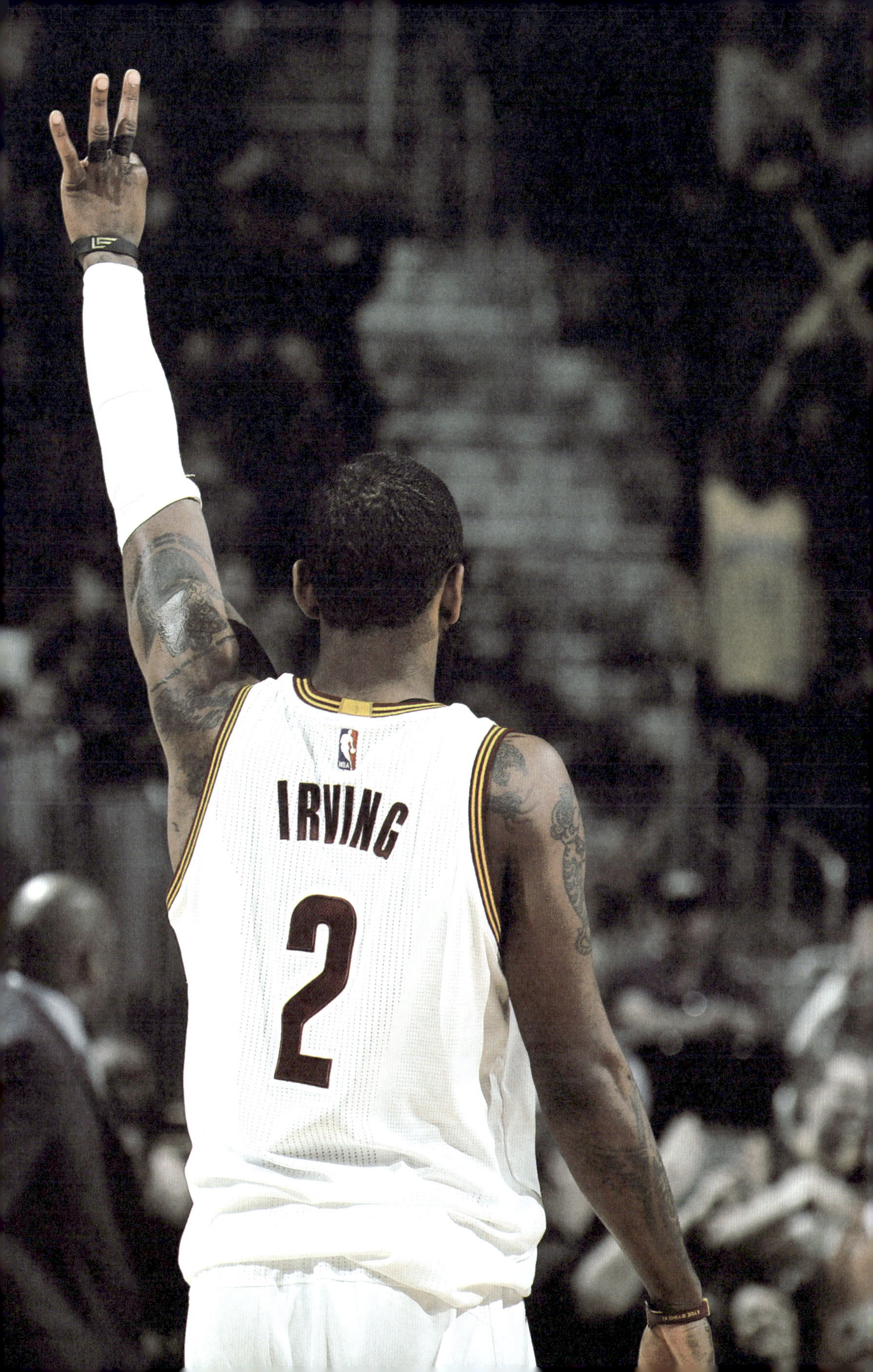
IRVING
2

仙锋正传　　　　　凯 里 · 欧 文

02K 入主"绿衫"　　　　　　　　　KYRIE IRVING

欲戴王冠，必承其重，欧文独自踏上王者修真之路。

2017年8月，凯里·欧文转会到凯尔特人。彼时，拥有17冠辉煌历史的凯尔特人正处于一个群龙无首的"无主"时期，在后"绿衫三巨头"时代的几年里，他们都始终没有找到一位巨星级领袖。而此时队中虽然有艾尔·霍福德、马库斯·斯玛特、特里·罗齐尔等骁将，但他们显然都是辅佐之才，而后来声名大噪的"双探花组合"此时都资历尚浅。杰伦·布朗只是刚刚打完一个赛季的"菜鸟"，杰森·塔图姆是刚刚在2017年选秀大会上被凯尔特人选中、一场NBA比赛还未打的新秀。

欧文的到来恰恰满足了王位空悬的"绿衫军"的迫切需求。6年骑士生涯，欧文已经蜕变成总冠军级控卫，他的能力已经在"骑勇大战"与库里不分伯仲的对决中淋漓展现。欧文的上限远高于凯尔特人的上一位领袖——身高1.75米的小托马斯，这也是凯尔特人总经理丹尼·安吉全力促成小托马斯（加筹码）与骑士欧文互换交易的原因。

欧文入主波士顿凯尔特人，在北岸花园球馆17面总冠军旗帜的掩映下，这位"绿衫"新王的登基之路显得任重道远。在东部欲登顶，必须击败"皇帝"，所以欧文率领凯尔特人与昔日旧主骑士终须殊死一战，而欧文也必须面对昔日的大哥詹姆斯。

2017年10月18日，新赛季揭幕战，联盟特意安排了凯尔特人对阵骑士。

值得一提的是，凯尔特人在休赛期不仅迎来欧文的加盟，还招募到原爵士的全明星级小前锋戈登·海沃德，阵容变得异常强大。所以，这场欧文迎战"老东家"的揭幕战可谓万众瞩目，一度被视为"东部决赛的预演"。

然而，天有不测风云，比赛仅进行到6分45秒，海沃德就在一次上篮之后落地立足不稳，左脚踝遭遇重度骨折，不仅被担架抬下场，还因此伤缺席了整个赛季。

当海沃德受伤倒地痛苦万分时，欧文也无比痛心。前不久他与海沃德一见如故，两位都是初来乍到的年轻人，相约在波士顿一起携手率领凯尔特人打出一片新天地。

一场飞来横祸让北岸花园球馆变得异常沉闷，最终，海沃德伤退还是影响到了比赛的走势，凯尔特人以99比102憾负骑士。虽然，欧文在这场凯尔特人首秀中贡献22分、

第九章 / 赴凯封王　　　　　　　　　　　　　　　Kyrie Irving

10次助攻，却没能力挽狂澜。接下来的第二天，凯尔特人又输给密尔沃基雄鹿，迎来开赛的两连败。一时间，欧文再度成为人们质疑的对象。

九层之台，起于累土。千里之行，始于足下。"绿衫王朝复兴"不是一朝一夕之功，但似乎所有的凯尔特人球迷都期待欧文率队马上复兴，要立竿见影。

17冠在握的凯尔特人，作为与湖人并列的NBA夺冠次数最多的球队，拥有独立于世的骇人力量，俯瞰所有挑战者。在北岸花园球馆的球迷见惯了太多辉煌过往，所以他们无比迫切地希望有人能率队完成"绿衫中兴"，而欧文恰恰就是这个人。

2017/2018赛季的凯尔特人是联盟中最年轻、阵容变动最大的球队。旧部所剩寥寥，并且海沃德首战重伤，赛季报销，欧文率领这样一支残阵竟然溯流而上，并且在接下来完成一段所向披靡的征程。

仙锋正传

03 K
十六连胜

在揭幕战痛失海沃德时，欧文率领凯尔特人以哀兵之势开始 2017/2018 赛季的征程。

2017 年 10 月 21 日，欧文贡献 21 分、6 个篮板与 4 次助攻，率领凯尔特人在客场以 102 比 92 击败 76 人。自此，凯尔特人变得不可阻挡，一路连克热火、马刺、国王、魔术、老鹰、湖人与猛龙等强敌。

2017 年 11 月 11 日，欧文在对阵黄蜂的比赛中遭遇面部骨折，之后他戴上面具继续带伤上阵，而戴上面具的欧文变得更加神勇。

11 月 17 日坐镇主场以 92 比 88 战胜上届冠军勇士，一举豪取 14 连胜，欧文在最后 4 分钟独揽 11 分锁定胜局。此后，凯尔特人的连胜狂潮还在继续。

2017 年 11 月 21 日，"绿衫军"远赴达拉斯挑战小牛，欧文 22 投 16 中，三分 7 投 5 中，狂砍 47 分，率领凯尔特人以 110 比 102 加时战胜小牛，豪取 16 连胜。

此战，欧文在首节 6 投全中拿下 18 分，又在加时赛独砍 10 分。目睹欧文狂飙全程的"老天王"诺维茨基不禁感叹："上帝很顽皮，偷了欧文的面具……这分明是上帝戴上欧文的面具在打球。"

这是诺维茨基继伯德的"上帝穿了乔丹的球衣"之后，又一次发出"有神论"慨叹。当用正常方式无法解释，那就归为神异事件吧，比如，戴上面具的欧文。这一波凯尔特人的 16 连胜，也许有那副神奇面具的加持吧。

从 2017 年 10 月 21 日到 11 月 21 日，欧文率领凯尔特人打出一波队史第四长的 16 连胜，并以此闪亮方式在恢宏无比的"绿衫"史册上留下独特的一笔。

在这波 16 连胜中，欧文将领袖风范与关键杀手特质均淋漓展现。在 16 连胜的比赛

中打到最后决胜时刻，欧文堪称"决胜之王"，共计39投24中得到65分，送出10次助攻且没有失误，正负值高达+40，排在全队第一。

2017年11月23日，凯尔特人以98比104不敌热火。虽然16连胜就此戛然而止，但欧文通过一系列闪光表现征服了北岸花园，成为凯尔特人当仁不让的新领袖。

此时，身披绿衫的欧文比往昔少了些许单打独斗的犀利，多了些挥斥方遒的成熟，在他的带领下，"绿衫军"不声不响地达成16连胜，并且在33场征战后，以78%的胜率傲居东部第一，这一切要归功于欧文的蜕变。

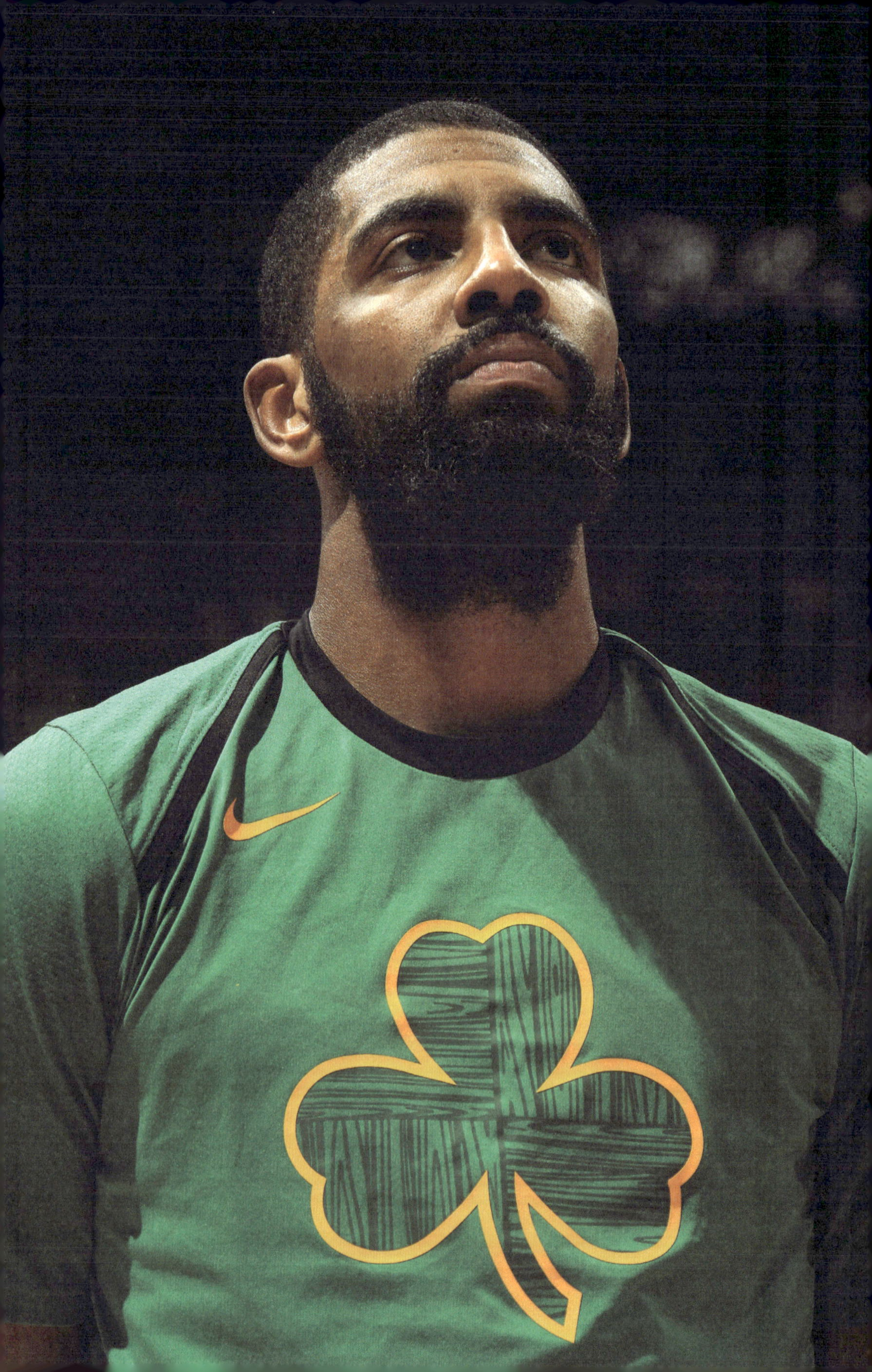

第十章
跌宕岁月

仙锋正传 / 凯里·欧文

01 伤病来袭

2017/2018 赛季前半程，欧文打出"绿衫之王"应有的水准，率队以 24 胜 6 负的战绩稳坐东部榜首。他的强势表现令凯尔特人球迷几乎忘记了海沃德的缺阵。

时间来到 2018 年，欧文表现依旧强势。1 月 22 日，虽然凯尔特人不敌魔术，但欧文轰下 40 分。1 月 28 日，凯尔特人再战勇士，此役是雄踞东西部榜首的两大豪强的直面对决，更被看作 2018 年总决赛的预演。

比赛一开场，欧文锐不可当，前 7 投全中，第三节库里单节轰下 18 分予以回应。两位当时联盟最炙手可热的顶级控卫的直接交锋可谓异彩纷呈。最后一节，欧文率领凯尔特人一度完成反超，但阵容更强大的勇士还是以 109 比 105 取得最终的胜利。

库里狂砍 49 分，惊艳全场，欧文也不遑多让，18 投 13 中，三分 6 投 5 中，高效独得 37 分。这场惊心动魄的最强控卫对决，库里与欧文可谓不分伯仲。

2018 年 2 月 19 日，洛杉矶全明星赛，詹姆斯队以 148 比 145 逆转击败库里队。

作为詹姆斯队的首发控卫，欧文不仅贡献 13 分、7 个篮板、9 次助攻的"准三双"，而且与詹姆斯的配合依旧默契无比，"詹欧组合"再现江湖，令球迷感慨万千。

全明星赛后，欧文表现依旧抢眼。转入 3 月，无论是对阵黄蜂、森林狼还是其他对手，欧文都得心应手，除了直接达阵取分，还学会如何统御这支"绿衫军"。然而，攀登巅峰的路途总是充满曲折与艰险，人生如此，凯尔特人如此，欧文亦如此。

2018 年 3 月 12 日，是欧文球迷不堪回首的日子，也是凯尔特人至暗的一天。

在那天对阵步行者的比赛中，"绿衫军"中锋丹尼尔·泰斯遭遇半月板撕裂，遗憾缺席该赛季余下的所有比赛，马库斯·斯马特遭遇大拇指韧带撕裂，直到季后赛首轮四场过后才重新回到赛场，最让人担心的是欧文，他在此战中只出场了 16 分钟，就因为膝盖酸痛而提前下场，虽然赛后他表示自己并无大碍，但事与愿违。

欧文曾在 2015 年总决赛期间左膝骨折手术时植入两枚螺钉，如今导致膝盖肌腱炎，不得不进行微创手术。虽然手术（取出两枚螺钉）很成功，但需要休养一段时间。

2018 年 4 月 6 日，凯尔特人宣布欧文因伤将缺席本赛季余下的所有比赛（含季后赛）。

就这样，欧文在 2017/2018 赛季出场场次定格在 60 场。虽然他的到来，似乎让"凯尔特人王朝"复兴的路线渐渐清晰，但无情的伤病让这一切又变得扑朔迷离。

2017/2018 赛季，欧文为凯尔特人效力 60 场，场均贡献 24.4 分、3.8 个篮板、5.1 次助攻和 1.1 次抢断，投篮命中率达到生涯新高的 49.3%，三分命中率也高达 40.8%，并率队豪取一波 16 连胜，为凯尔特人最终取得 55 胜 27 负的东部第二佳绩打下良好基础。

可以说，欧文在本赛季为凯尔特人交出一份联盟顶级后卫的成绩单，如果没有伤病，那么欧文必将率领"绿衫军"打出无比闪耀的成绩，有望完成"王朝"复兴。

可惜，没有如果。关于欧文本赛季的故事似乎要在这里完结，但他的传奇还远没有结束，无数人期待他在波士顿破茧重生，打出一片光华绚烂的未来。

仙锋正传

02 卷土重来

欧文在 2017/2018 赛季末期伤退，似乎给凯尔特人的季后赛前程蒙上了一层阴影。

2018 年季后赛，缺少欧文的凯尔特人没有就此沉沦，在没有当家球星能够依赖的情况下，球队中的年轻人们打出畅快淋漓的团队篮球。

这支以塔图姆、布朗、斯马特、罗齐尔等为主力班底的"绿衫青年军"在"少帅"布拉德·史蒂文斯率领下打得风生水起，先后淘汰"字母哥"领衔的雄鹿与恩比德挂帅的 76 人，杀入东部决赛。

2018 东部决赛，凯尔特人与詹姆斯率领的骑士鏖战七场，最终还是倒在那一年东部无敌的"巅峰詹"脚下，但这支"绿衫青年军"展现出了无比光明的未来。

没有欧文的凯尔特人依然能与詹姆斯的骑士进行荡气回肠的七场大战，胜负只在伯仲之间，输在季后赛经验与关键时刻的得分能力，那么欧文恰恰是这个联盟最擅长关键得分的球员。回溯东部决赛，每逢决胜时刻，凯尔特人没有核心球员站出来提供稳定取分，以此对抗对面予取予求的"巅峰詹"。尤其是詹姆斯在"抢七大战"得到 35 分、15 个篮板、9 次助攻的"豪华准三双"，并在最后时刻扛着马基夫·莫里斯打进制胜进球之后，已经无力回天的凯尔特人在那一刻肯定无比思念欧文。

当时几乎所有人都坚信，等到下个赛季欧文和海沃德携手复出，那么凯尔特人将无比强大，甚至能在东部颠覆詹姆斯连续 8 年的统治权。

毕竟在 2017/2018 赛季，欧文打出了职业生涯最高效的一个赛季，其得分率、真实命中率都创下自己职业生涯的新高，而失误率也是生涯新低。

不过，命运的轮盘却在那一刻开始悄然转动……

没有欧文，凯尔特人能一路杀到东部决赛，得到机会锻炼与证明自己的年轻人迅速找到自信，这也为下赛季凯尔特人的"球权之争"埋下隐患。

2018/2019赛季，欧文满血回归，海沃德也重新归位，这支齐装满员的凯尔特人将如何创造新的王朝和历史，人们拭目以待。

那个时候没有人会怀疑"绿衫军"的未来，经过季后赛的洗礼，年轻球员开始快速成长，"绿衫"复兴似乎就在眼前。

仙锋正传

凯 里 · 欧 文

03 K
领袖的成长

KYRIE IRVING

在 2018/2019 赛季拉开帷幕之前，几乎所有人都以为凯尔特人将会创造历史。

然而事实并非如此，复出之后的欧文状态不佳，前六战场均仅得 14 分、5.5 次助攻，这个赛季是欧文的合同年，所以他急于找回巅峰状态。

2018 年 10 月 31 日，凯尔特人在主场以 108 比 105 战胜活塞。欧文经过连续几场低迷之后终于显露峥嵘，全场 16 投 10 中，得到 31 分、5 个篮板和 5 次助攻。

11 月 17 日，凯尔特人对阵猛龙，欧文豪取 43 分、11 次助攻和 3 次抢断，力压"北境新王"伦纳德，率队通过加时赛以 123 比 116 力擒对手。这一战，欧文将生涯总得分推过"一万分大关"。突破里程碑的那一刻，北岸花园球馆响起最热烈的欢呼声。

虽然欧文找到了状态，但海沃德却彻底迷失。作为前全明星球员，海沃德在大伤之后一落千丈，得分效率与产量都大幅降低。凯尔特人在海沃德难复当年之勇之际，加大了那些年轻的锋线球员的出场机会，经过东部决赛洗礼之后，年轻球员本就信心大增，在 2018/2019 赛季得到充足的上场时间之后，进步更加显著。

2018/2019 赛季，阵容强盛的凯尔特人本应大展宏图，但始终暗流涌动。这个赛季因为詹姆斯西游（远赴洛杉矶湖人），东部进入群龙无首的"后皇者时代"，王位空悬，群雄并起，雄鹿、猛龙、76 人实力与战绩都有显著提升。本来账面实力上最具优势的凯尔特人却一路陪跑，尤其在当家球星欧文与海沃德归来之后，战绩不升反降。

作为当家球星，欧文在 2018/2019 赛季状态有所起伏，没有率队打出令人

信服的战绩。在赛场上，欧文是一名"杀手型"终结者，擅长单打独斗。每逢关键时刻，他更习惯以一己之力去解决战斗，这是他的优势，也是他的属性。然而，凯尔特人在2018年季后赛凭借团队配合以及火力均摊的风格，虽然缺乏关键时刻攻坚能力，但还是取得了成功（赢得大多数比赛，打入东部决赛），所以他们并不想将胜负只系于欧文一人的手感之上，即便后者是全联盟中最会打关键球的人。

虽然欧文也努力去分享球权，组织与串联全队进攻，然而转型并非一日之功。

2019年1月13日，凯尔特人憾负魔术，双方战至最后2.9秒，魔术以105比103领先两分。海沃德发球，并把球传给塔图姆，后者中投未中，凯尔特人就此失利。

欧文对此非常失望，质问海沃德为什么没有传球给他，海沃德无奈成为"背锅侠"，其实是主教练史蒂文斯布置的绝杀战术就是给予塔图姆。因此绝杀失败后，史蒂文斯的战术安排也备受质疑，欧文获悉后，深感做球队老大的不易。随后他主动拨通詹姆斯的电话，这也是欧文自2017年7月主动要求交易之后，时隔16个月主动联系詹姆斯。

欧文对詹姆斯敞开心扉，首先就当年的年少轻狂向这位昔日大哥道歉，并虚心向詹姆斯讨教如何成为一名领袖，因为如今的他觉得作为凯尔特人的老大压力如山。

詹姆斯也给欧文许多中肯的建议，通过这次电话畅谈之后，欧文显然找到了答案。

2019年1月17日，凯尔特人在主场以117比108力克东部排名第一的猛龙，欧文独得27分，并送出生涯最高的18次助攻，此战他似乎找到了作为领袖的诀窍。

仙锋正传　　　　　　　　　　　　　　　　　　凯　里 · 欧　文

04 K 云谲波诡
KYRIE IRVING

欧文率队击败猛龙之后，凯尔特人在 2019 年初期一度走上正轨。然而，一个突如其来的消息彻底让刚刚复苏的"绿衫军"又陷入云谲波诡的泥潭。

2019 年 1 月 29 日，顶级大前锋安东尼·戴维斯无意与新奥尔良鹈鹕续约的消息一时间传遍联盟，各种交易传闻甚嚣尘上，继湖人、猛龙、76 人等球队之后，凯尔特人也被推到交易风暴中心。虽然最终凯尔特人没有成为戴维斯加盟的球队，但这个交易传闻却深深动摇了"绿衫军"的军心。球员们纷纷开始揣测，谁将会成为交易的筹码，其中潜在的交易筹码包括海沃德、塔图姆，甚至欧文。

伤愈复出的欧文本想在自己的合同年打出一个完美赛季，结果在 2018/2019 赛季上半程好不容易和队友们产生了化学反应，却在下半程又深陷戴维斯交易的泥潭。

因为深受戴维斯交易流言的困扰，欧文在（本赛季结束后）与凯尔特人续约的问题开始讳莫如深。2019 年夏洛特全明星赛，欧文与杜兰特交谈甚欢，一位被指责打球独、没有领袖能力；另一位被格林嘲讽，认为没有他勇士已经夺得总冠军。于是，两位"球场失意者"想要一起打球的传闻也流传开来。

2018/2019 赛季最后阶段，凯尔特人惨遭黄蜂逆转，欧文质疑主教练史蒂文斯的应变能力，认为史蒂文斯在沃克手感火热时没有予以包夹，任由对方轻易取分。

作为一名领袖，欧文的指责和抱怨并没有错，他严格要求自己，同时也希望自己的教练和队友越来越好。但他在凯尔特人还没有率队打出令人信服的表现，尤其是在 2018 年季后赛没有欧文的情况下，是史

148

蒂文斯教练率领一帮年轻球员杀入东部决赛。所以，当时这支凯尔特人球队之中似乎酝酿着一种复杂的情绪——没有欧文也许会更进一步。

人是以自我为中心思考问题的，欧文也不例外。站在他的角度，不能容忍在大败之后年轻球员仍然若无其事、有心玩乐。但随着欧文心态的成熟，他也学会了和光同尘。

从前，欧文单纯地认为自己是战术核心，是凯尔特人最为仰仗的人，但他并没有意识到作为老大还要主动承担责任，而不是将失利的责任推到年轻队友们身上。

为了胜利，欧文选择与队友一起融入比赛。在赛季后半程，欧文开始逐渐减少出手次数，增加传球，努力尝试着把球队串联到一起，从而盘活全队。同时，他也积极配合史蒂文斯教练进行了两次比较大规模的变阵，并一直主动地推动凯尔特人前进。

最终，凯尔特人在 2018/2019 赛季取得 49 胜 33 负，名列东部第四，在欧文、海沃德两大球星回归之后，战绩较上赛季不升反降，这支"绿衫军"显然没有达到期望。

东部第四的战绩也意味着凯尔特人在 2019 年季后赛面对雄鹿、猛龙、76 人时均没有主场优势，这也给他们之后的"大溃败"埋下伏笔。

2018/2019 赛季，欧文出战 67 场，场均得到 23.8 分、5 个篮板和 1.5 次抢断，并送出生涯最高的 6.9 次助攻，投篮命中率高达 48.7%，三分命中率高达 40.1%，入选本赛季最佳阵容二阵，其表现依旧稳健。虽然没有打出哈登那样的"炸裂"数据，但欧文在关键时刻所展现出的"杀手"本色，依旧独步联盟，其剑落下时倒下无数"亡魂"。

仙锋正传　　　　　　　　　　　　　　　　　　　　　　　凯里·欧文

05 K "猎鹿人"的溃败

KYRIE IRVING

2019年4月15日，季后赛战火重燃。凯尔特人首轮对阵步行者，失去首席得分手奥拉迪波的印第安纳人显然无法阻挡"绿衫军"前进的脚步。

凯尔特人主场以84比74击败步行者，拿下季后赛首战的"开门红"，欧文得到20分、5个篮板、7次助攻和2次抢断，成为凯尔特人第三位季后赛首秀20+5+5的球员。

欧文第二战在只有1次罚球的情况下轰下37分，效率之高令人惊叹。

2019年4月22日，凯尔特人在客场以110比106力克步行者，以总比分4比0横扫对手，晋级东部半决赛，欧文在季后赛首轮表现出全面且犀利的将帅之才。

2019年4月29日，东部半决赛首战，面对"字母哥"阿德托昆博领衔的雄鹿，欧文率领凯尔特人打得进退有度。霍福德率内线众将紧锁禁区，以"口袋阵"招呼突破能力极强的"字母哥"。而塔图姆和布朗游走于锋线的防守端，切断雄鹿的内外联系，他们依赖欧文的突破牵制，拉开对方防守，突破分球，定点投射。

最终，欧文拿下26分和11次助攻，率领凯尔特人以112比90大胜雄鹿。

此后风云突变。5月1日，东部半决赛第二场，雄鹿开始变阵，他们把米罗蒂奇提上首发增加高度，压制凯尔特人的小个阵容。"字母哥"开始突破撕裂防守，分球给埋伏在三分线外的队友来定点投射，以此还击凯尔特人。

此役欧文手感不佳，在雄鹿外线疯狂的夹击下，仅有9分入账，凯尔特人在客场以102比123输给雄鹿。

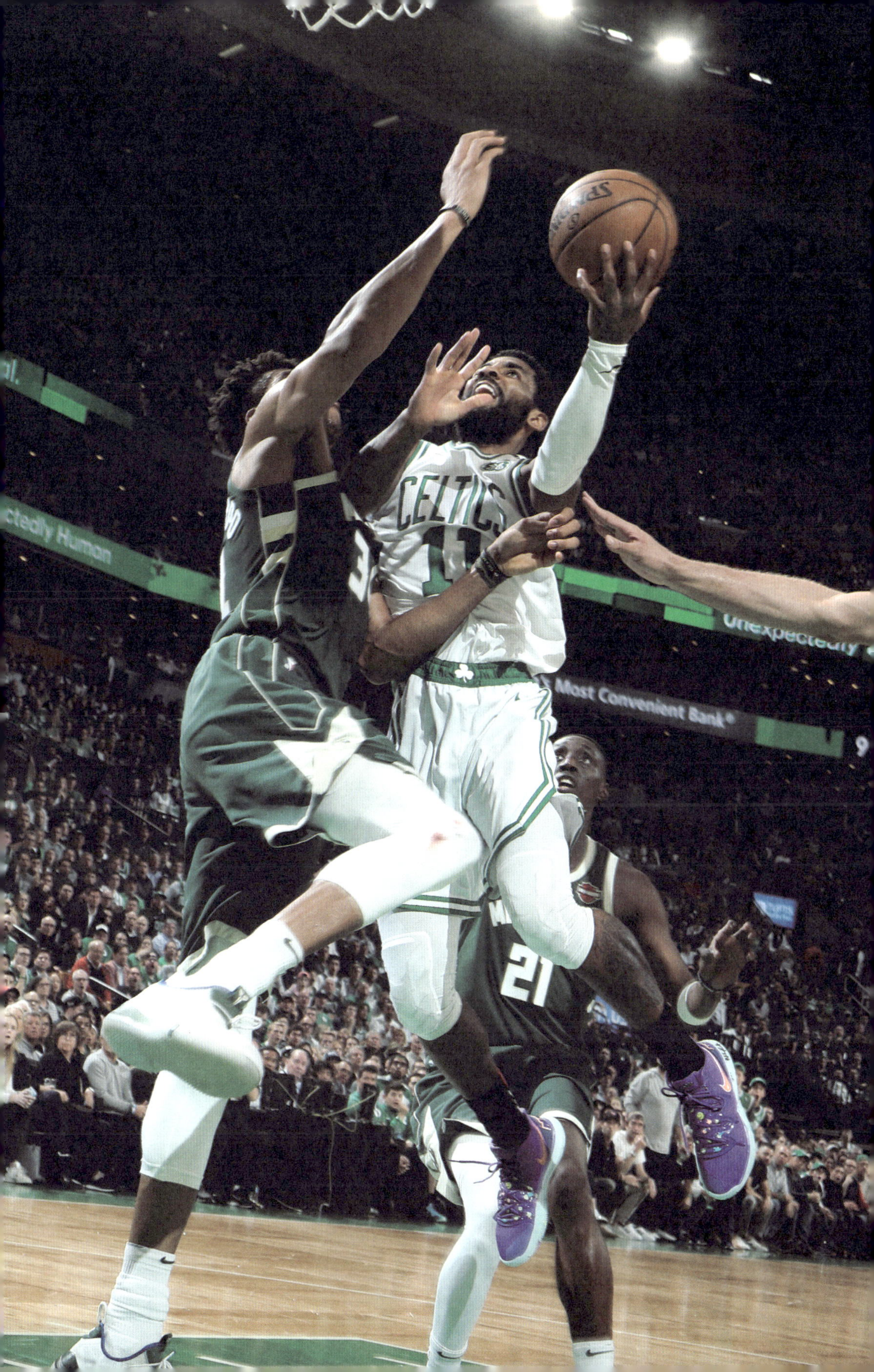
CELTICS
21
Most Convenient Bank®

仙锋正传

5月4日，第三战，上半场双方打得比较焦灼，但雄鹿一直在下半场稍占上风。最终凯尔特人在主场以116比123败给雄鹿，总比分1比2落后。

第四场战至第三节，"字母哥"与米德尔顿两大主力均因四次犯规下场候命，凯尔特人却未能抓住如此追分良机，反被雄鹿拉开比分。最终，凯尔特人在主场以101比113不敌雄鹿，总比分1比3落后。欧文虽然得到23分、10次助攻，但7投1中的三分球还是显得手感冰冷。更为致命的是，在欧文进攻不畅时，凯尔特人的进攻就难以为继，塔图姆、罗齐尔等年轻球员在季后赛的得分能力还欠火候。

2019年5月9日，第五场，"绿衫军"虽然顽强抵抗，但最终还是91比116不敌雄鹿，总比分1比4，被对手淘汰出局。

被雄鹿连扳四场，让凯尔特人蒙受空前的耻辱。拥有17冠辉煌历史、风骨强悍的"绿衫军"似乎无法承受如此结果，他们必须找一个"替罪羊"。于是凯尔特人名宿皮尔斯将矛头指向了欧文，直言他的糟糕表现成为凯尔特人惨败的主因。

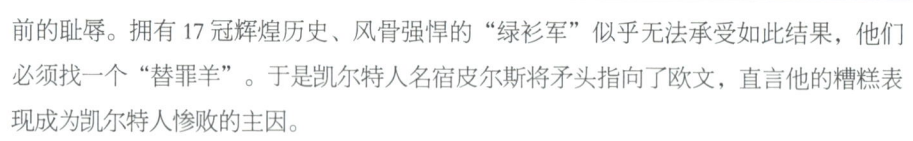

整个东部半决赛，欧文虽然场均依然贡献20.4分、4.2个篮板和6.4次助攻的一流控卫数据，但投篮命中率仅有35.6%，三分命中率仅有21.9%，显然大失水准。

坦白地说，欧文在东部半决赛打得的确糟糕，但一切责任不能全由欧文承担。作为球队核心，欧文一直面对雄鹿最强的防守封锁。而除了他之外，凯尔特人并没有一位能稳定持球进攻的球员来为欧文分担对方的防守压力，这让欧文经常陷入孤掌难鸣的窘境，他也许会无比怀念和詹姆斯并肩作战的日子。

欧文就像致命的杀手、优雅的刺客，他需要寻找到对手的破绽，然后随时送上一次

次致命的攻击。他并不是伦纳德那种身高臂长的强力终结者，也不是詹姆斯那种统御千军的主帅，所以他需要队友为之提供火力支持并拉开防守空间。当对手将重兵屯守，包夹围堵欧文时，他的威力就会有所限制。

当然，欧文的外围三分也很精准，但雄鹿的外围防守者高大而迅疾。"字母哥"这座移动的"防御塔"如影随形，让欧文无论是突破还是远投都心存忌惮。凯尔特人单调的进攻战术与年轻球员各自为战，也是失败的原因。当所有对手都知道今年凯尔特人的唯一王牌就是欧文单打时，"绿衫军"的进攻威胁反而不如去年那样火力全开。

2018/2019赛季就这样黯然结束，欧文似乎萌生去意。在东部半决赛第四场凯尔特人落败之时，欧文便独自离开了赛场，那一刻他的背影无比落寞。

告别凯尔特人

KYRIE IRVING

2019 年 7 月，凯里·欧文告别凯尔特人，以一份 4 年 1.42 亿美元的顶薪合同加盟布鲁克林篮网。纽约布鲁克林区是"篮球之神"迈克尔·乔丹诞生之地，而球风华丽的欧文在那里拥有无数的拥趸，这位"杀手之王"也来到属于他的主场。

自此，欧文与凯尔特人分道扬镳，究其原因就是彼此不适合，没有谁对谁错。

2018/2019 赛季，凯尔特人的队内矛盾并不是什么秘密。欧文和罗齐尔等人的矛盾呼之欲出，欧文选择远走布鲁克林，也将那些恩怨尘封在历史的烟云里。

欧文是一位内心极其骄傲的球员，在骑士的前三年里，他一直是球队的绝对王牌。即便在联盟"皇帝"詹姆斯回归骑士，欧文也只是作为"皇帝"身边的二号人物打完三个赛季，当他投进那记制胜三分球并随队夺冠之后，开始抑制不住骄傲的内心。

"不甘于人下，要做球队老大"的雄心成为原动力，不断驱动欧文前进，于是他在效力克利夫兰骑士 6 年之后选择离开，入主波士顿凯尔特人。

强烈的自尊心和自信心就像一柄双刃剑，让欧文在场上成为镇定从容的"杀手之王"，但在场下却成为曲高和寡的"谪仙人"。

当欧文和海沃德双双缺席整个 2018 年季后赛之际，"少帅"史蒂文斯率领塔图姆、

第十章 / 跌宕岁月

布朗、斯马特、罗齐尔等年轻球员打出青春澎湃的团队篮球，杀入东部决赛与詹姆斯的骑士鏖战七场，虽然遗憾败北，却让凯尔特人看到另一种美妙的未来。

当欧文归来时，那些以罗齐尔为代表的年轻球员们已经有了"不臣"之心。而作为球队老大的欧文也未能率队打出让人信服的战绩，这与他的技术风格和战术安排有关。

凯尔特人始终没有围绕欧文制订有效的战术，一旦欧文进攻受阻，"绿衫军"阵中没有人能提供稳定的火力支援。既无外线精准的三分投射点，也无内线的攻坚高手，只有一味让欧文单打，这也让对手能囤积重兵，毫无顾忌地包夹欧文。

欧文有一百种方式带球过人，关键时刻的攻坚尤其犀利，但他并不是以传球为主的传统控卫，并不擅长以个人能力带动整个球队的进攻。

一旦欧文进入个人进攻模式，也必将消耗大量出手权，这的确会让塔图姆、罗齐尔等缺乏季后赛经验的年轻人有些无所适从。而当欧文进攻受阻，凯尔特人又缺乏战术应对和其他火力支援，这也是2019年东部半决赛遭遇雄鹿时溃败的原因。

欧文是一名刺客型领袖，这与凯尔特人追求"团队至上"的篮球理念其实并不冲突，但球队中需要有一名持球大核来梳理分配全队的进攻，并且能够吸引对手的重兵防守，譬如骑士时期的詹姆斯以及多年以后独行侠时期的东契奇。

当持球大核分担起欧文在攻防两端的压力时，欧文就能在进攻端充分释放火力，成为联盟中令群雄骇然的"末节之王"与"关键杀手"。可惜，当时的凯尔特人只有一群羽翼未丰的年轻球员，同样也需要一名持球大核型领袖来引导。

就这样，欧文告别了凯尔特人。对于这段为期两年的"绿衫"旅程，欧文非常珍惜。

欧文认为在凯尔特人让他学会了如何做一名领袖，学会了与队友并肩作战，但随着时间推移，他发现与球队的发展方向出现了分歧。2019年东部半决赛，凯尔特人被雄鹿连扳四局之后，作为领袖的欧文备受质疑，他也开始审视自己与凯尔特人的兼容问题。

欧文渴望更多自由和发挥空间，但凯尔特人团队至上的战术体系并不适合他。作为控卫领袖，欧文期望掌控比赛、领导全队，但某些队友却与他出现分歧，这让他感到孤独，加上战绩低迷、伤病康复医疗以及赛季中途被交易传闻等原因，也让他萌生去意。

无论什么原因，欧文与凯尔特人都是"和平分手"，但北岸花园的球迷对此有着错综复杂的情绪，以至于在今后的漫长岁月里，上演了一番番爱恨情仇的恩怨大戏。

一段云谲波诡的"绿衫岁月"已随风而逝，是非恩怨皆成云烟，一段云蒸霞蔚的"黑白旅程"正徐徐展开，锦绣蓝图值得期待。

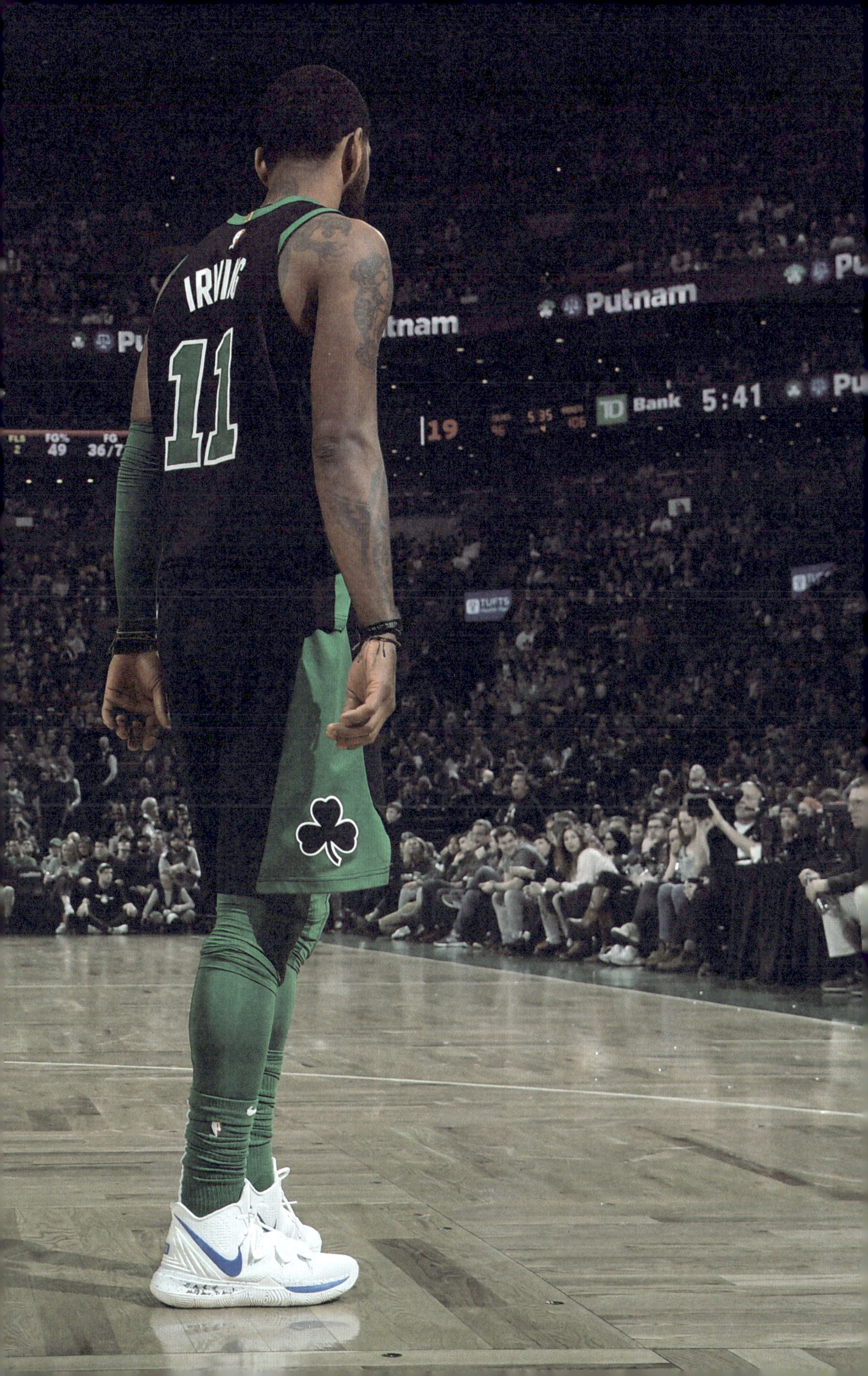
11
Putnam
TD Bank
5:41
19
FG%
49

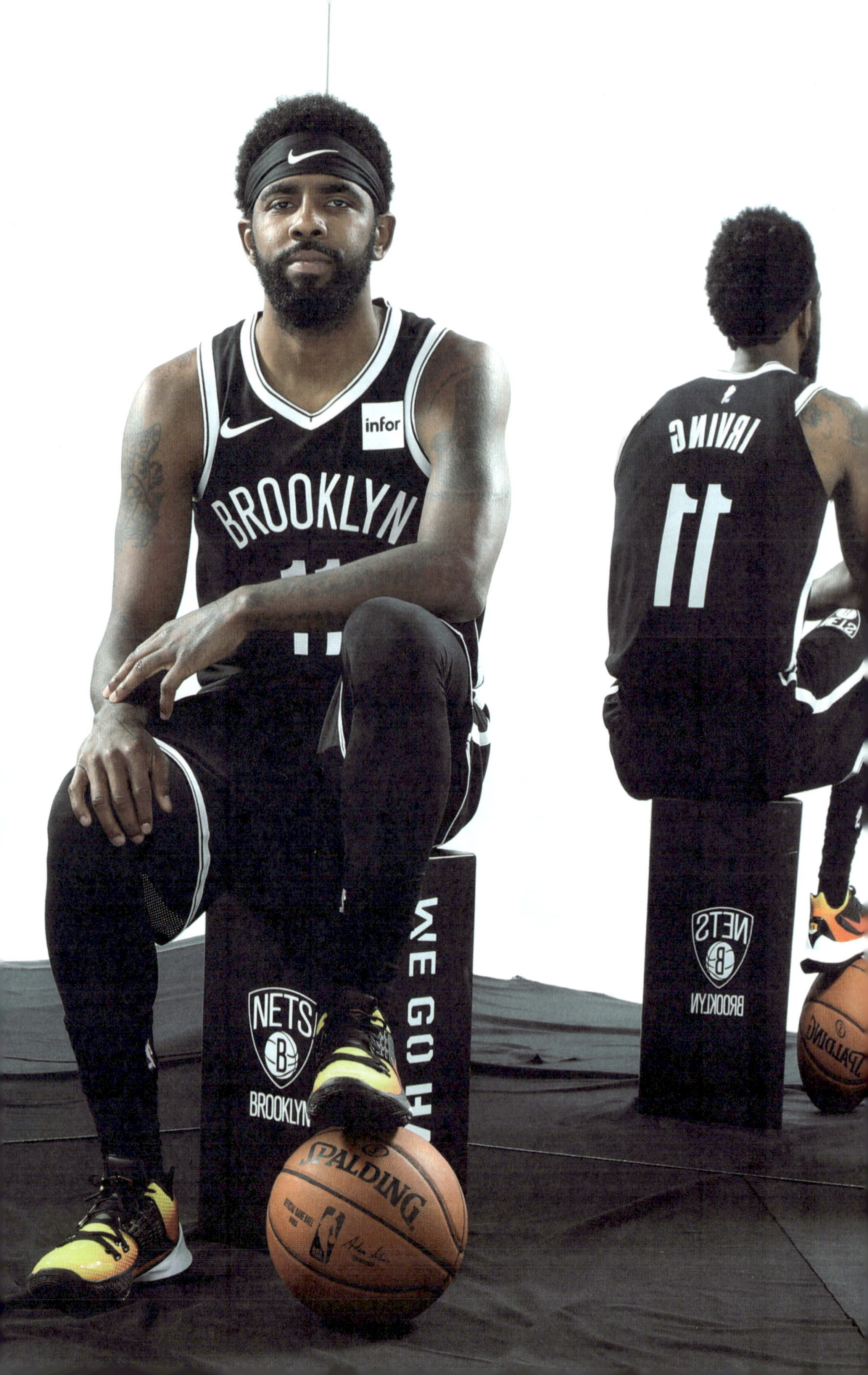
infor
BROOKLYN
NETS
BROOKLYN
SPALDING

第十一章
纽约网事

仙锋正传 / 凯里·欧文

711 组合

KYRIE IRVING

2019年6月11日，总决赛第五场，为了勇士"三连冠"大业，杜兰特仓促复出，却遭遇了右腿跟腱断裂的大伤。虽然随后的修复手术非常成功，但这种足以毁灭职业生涯的伤却让杜兰特的复出之路变得无比艰辛与漫长。

2019年7月，杜兰特辞别勇士，以一份四年1.64亿美元的合同加盟布鲁克林篮网。虽然杜兰特因伤在下一个赛季都不能上场，但篮网毅然用顶薪长约签下KD。

2019年7月7日，凯里·欧文也以一份四年1.42亿美元的合同加盟篮网。

杜兰特来到篮网，改穿7号战袍，而非以前的35号。欧文沿袭了凯尔特人的11号，而非骑士的2号。所以，这对联盟最强进攻型小前锋与第一单挑手控卫的组合，也被球迷称之为"711组合"。可惜的是，杜兰特的跟腱断裂令"711组合"的联袂登场时间不得不向后推迟，即便如此，杜兰特搭档欧文，还是值得万众期待。

此外，2019年8月16日，华裔股东蔡崇信再度出巨资完成篮网51%股权以及巴克莱中心的收购，成为拥有布鲁克林篮网100%股权的新老板。

杜兰特与欧文，堪称当今NBA中两位最擅长得分的球员。一位如大马长枪般长驱直入，视得分如草芥；一位如流星蝴蝶般烂漫飞舞，攻篮筐似探囊……如果他们保持健康，在东部已没有与之比肩的组合了，何况篮网还招募到一个德安德烈·乔丹。

德安德烈·乔丹的加盟，让布鲁克林"三巨头"在2019年夏天浮出水面，徘徊在季后赛边缘的篮网也在一夜之间有了叫板联盟诸强的资本。相比同城球队的尼克斯，篮网显然更有作为，他们觊觎的显然不是"纽约老大"的宝座，而是夺取总冠军。

2019年夏天，新科总决赛MVP伦纳德"西游"至洛杉矶，与保罗·乔治联袂组成"快船双雄"，猛龙因此实力大打折扣，篮网在东部少了一个劲敌。

篮网在2018/2019赛季胜率就超过50%，并杀入季后赛，可见班底不错，而如今有杜兰特、欧文和"小乔丹"坐镇布鲁克林，一飞冲天指日可待。

2019/2020赛季，虽然杜兰特因伤不能披挂上阵，但欧文坐镇篮网后场，加上篮网主帅阿特金森所推行的擅长欧文发挥的跑轰战术，篮网有望杀出一片新天地。

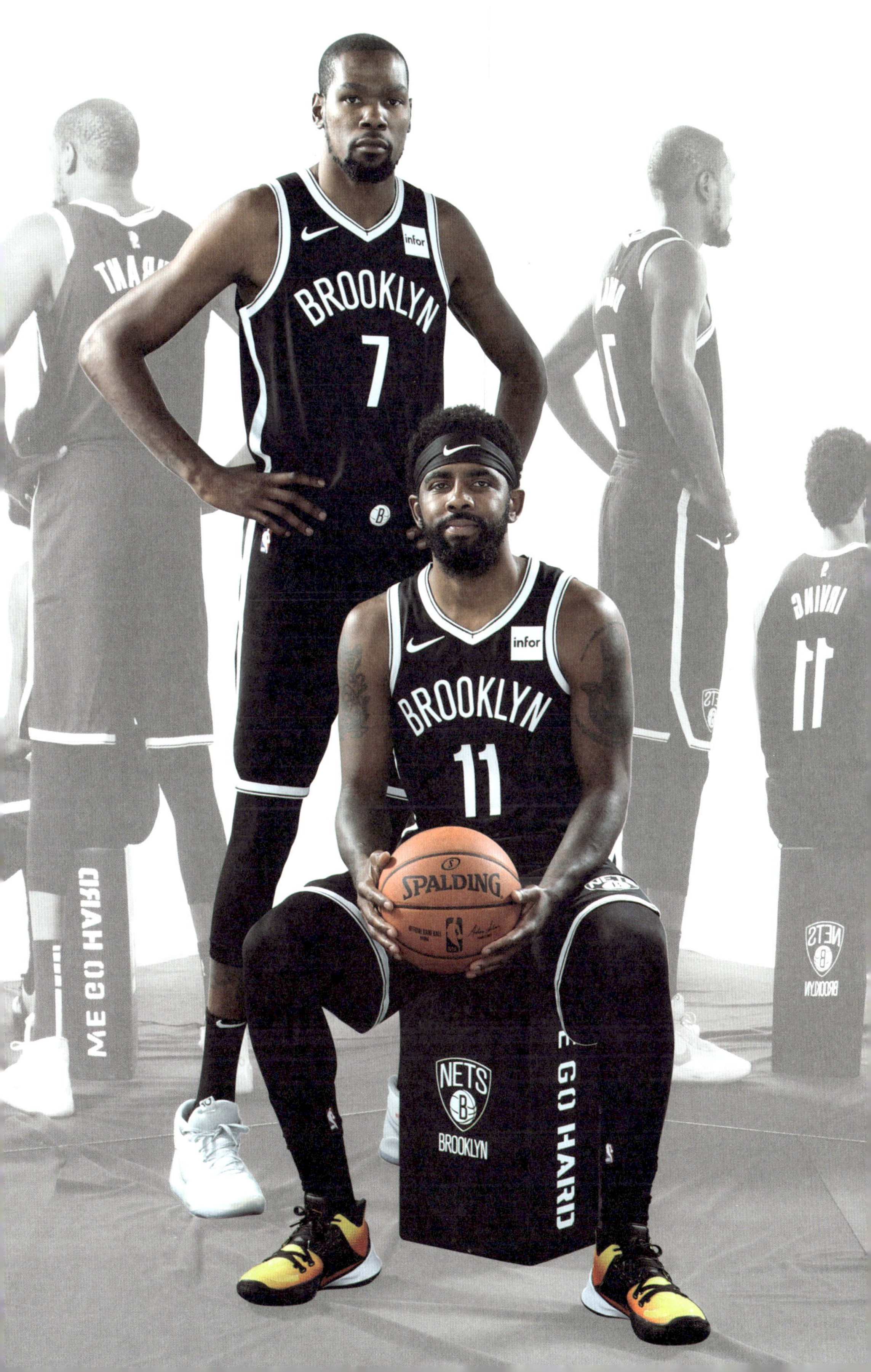

BROOKLYN
7
BROOKLYN
11
SPALDING
NETS
BROOKLYN
ME GO HARD

仙锋正传　　　　　　　　　　　　　　　　　　　　凯　里·欧　文

02K 华丽起笔

KYRIE IRVING

2019年10月24日揭幕战，布鲁克林篮网坐镇主场迎战森林狼，欧文也迎来布鲁克林的生涯首秀。

纽约的布鲁克林区是美国的街球圣地，欧文杂耍般的华丽球风和洛克公园的传统无比契合。而欧文在新泽西长大的经历（新泽西濒临纽约，同属于大纽约区，而布鲁克林篮网以前就在新泽西，名曰新泽西篮网），让他在布鲁克林有如回家的感觉，在巴克莱中心一万七千多名家乡球迷的助威声中，欧文依然难掩内心激动，在赛前致辞环节一度哽咽："在我内心中，一直有着渴望为家乡球队效力的梦想。"

在那个神奇的夜晚，梦想成真的欧文如有神助，上半场便独得25分，全场更是33投17中，其中三分14投7中、罚球10罚9中，轰下50分，还贡献8个篮板、7次助攻，并且0失误，50分不仅创下NBA球员首秀的得分新高，而且欧文也成为自1977年NBA引入失误统计以来，首秀便夺得如此佳绩的第一人。

可惜欧文如此惊艳的首秀战，却以篮网126比127惜败森林狼的结局收尾，不免令人遗憾。篮网与森林狼曾鏖战至加时赛，欧文在加时赛再得7分，却最终双拳难敌四手，篮网还是以1分惜败，在投失绝杀球后，欧文沉默良久，不愿退场。

也许在那一刻，他无限想念身边曾拥有的那个"死神"，帮他来收割胜利。

首秀砍下创NBA纪录的50分，

但欧文并不满足，显然他要追求更好的结局。

　　两天后，篮网迎来了同城死敌尼克斯，在这场充满火药味的"纽约德比"中，欧文再次展现了舍我其谁的英雄气概，他在最后时刻接管比赛，终场前22秒命中后撤步夺命三分球，此球像极了2016年总决赛G7杀死勇士的那记远投。

　　10月28日对阵灰熊，欧文再次砍下37分，却孤掌难鸣，篮网以133比134憾负对手。欧文三战狂轰113分，只有威尔特·张伯伦在1959年的新赛季前三战得到过120分。然而一胜两负的战绩令欧文无奈加入"空砍群"。

　　2019年11月初，篮网经历了一波（5天3赛）密集赛程，最后一场对阵鹈鹕时，欧文得到39分、9次助攻。自此，欧文在篮网的前7场比赛中共砍下222分，成为NBA史上代表新球队出战（前七场）总得分第二高的球员，仅少于"大北斗"张伯伦。

　　虽然欧文在此战打得非同凡响，但也留下隐患。他在末节遭到鹈鹕后卫朱·霍勒迪的封盖，肩膀受伤。赛后，欧文经过简单包扎便率领篮网踏上西部客场之旅，连续十余天的舟车劳顿与客场征伐之后，欧文肩伤加剧，被迫休战26场。

　　2020年1月13日，篮网坐镇主场迎战老鹰，欧文终于伤愈复出，仅出战20分钟，便11投10中，高效斩获21分，率领篮网以108比86轻取老鹰。

163

仙锋正传　　　　　　　　　　　　凯 里 · 欧 文

03 K 永失科比
KYRIE IRVING

2020年1月26日，篮网客场挑战活塞。欧文在第三节火力全开，轰下17分，又在第四节得到12分。最终，欧文砍下45分，还贡献6个篮板、7次助攻，率领篮网通过加时赛在客场以121比111力擒活塞。此战获胜，欧文终于率队止住5连败的颓势。

率领篮网重归正轨，欧文心情终于舒畅，然而，此时风云突变，一则令人无比震惊与心碎的消息传来，2020年1月26日（美国时间），科比·布莱恩特与他的二女儿吉安娜因为直升机事故而不幸去世。那曾如灯塔般照耀一代人青春航程的NBA传奇巨星陡然陨落，令人无限悲痛与唏嘘，明天和意外，永远不知道哪个会先来。

当时欧文正在率领篮网从底特律携胜归来，马不停蹄地备战"纽约德比"。科比逝世的噩耗传来，欧文因此伤心过度，缺席了1月27日尼克斯对阵篮网的"纽约德比"。

虽然41岁骤逝，但科比在20年NBA传奇生涯中缔造过无数的传奇，为后人树立了光辉典范。科比是篮球史上最偏执、最坚韧、最勤奋、最无畏的球员，如流星、如花火、如云霞、如烈焰，将短暂的人生炽热燃烧，绽放出永恒的光辉。

科比的"曼巴精神"将会常存于每一个热爱他的人心中，欧文就是其中之一。欧文曾无比感慨地说："我生命中只有两位英雄，我的父亲和科比。我现在依然无法用言语表达心中的悲痛，科比生前撒下的种子，我们会继续耕种。他留下的伟大印记值得我们去追随，我会沿着他的足迹继续前行。"

欧文与科比的渊源颇深，早在2012年，作为新人的欧文入选奥运

陪练队，竟然自不量力地找科比单挑，还要赌上 5 万美元。当然，欧文并未如愿。科比虽然未与欧文单挑，却对这位执着的少年甚为欣赏，他曾多次表示："欧文是现役球员中与我交流最多、球风最接近我的球员。"

那次训练营上，欧文曾经上演了精彩的一条龙过人表演，过掉了科比、杜兰特和哈登等一众大牌。34 岁的科比一眼望去，仿佛看到了自己年轻时的影子。

欧文虽然无比自信，但一直视科比为人生导师和偶像，经常谦逊地向科比请教如何提高球技、赢得总冠军的关键。2016 年总决赛，骑士经历了 1 比 3 的史诗大逆转。"抢七大战"最后时刻，欧文面对库里钉进那记制胜三分球，直言是受到"曼巴精神"的鼓舞，并在夺冠之后的第一时间向科比拨通视频电话，与"黑曼巴"一起分享喜悦。

科比与欧文亦师亦友，二人保持着深厚的友谊。2019 年 12 月 22 日，布鲁克林篮网坐镇巴克莱中心球馆迎战亚特兰大老鹰，科比与二女儿吉安娜还曾亲临现场观战。赛后，科比与欧文相谈甚欢，两位老友见面嘘寒问暖，而短短一个月以后，科比与欧文竟然天人永隔，这是一个让欧文无法接受的残酷现实，让欧文陷入无尽的悲伤之中。

电影《寻梦环游记》曾对"生命"这样诠释："死亡不是生命的终结，遗忘才是。"

于是，欧文决定将"曼巴精神"延续下去，高举科比留下的火炬奋力前行。

对于欧文而言，科比意味着很多，家人、朋友、导师和偶像，科比也曾在年少轻狂的欧文身上看到自己的影子，都是球风华丽且无所畏惧的现象级球员。因此，科比对于欧文可以说毫无保留、倾囊相授，而欧文也愿意聆听"黑曼巴"的教诲。可惜，随着科比的骤然远逝，欧文也永久地失去了这位伟大球员亲身传授的机会。

2020年1月30日，科比坠机事件发生后的第4天，篮网主场对阵活塞，巴克莱中心播放了致敬科比的视频，当全场为科比默哀时，欧文双眼紧闭，两行热泪不停地流淌。

2020年2月1日，篮网坐镇主场迎战公牛，赛前欧文穿着印有"Bryant"的训练服精心备战，在比赛中，欧文如有神助，他23投19中，三分球9投7中，罚球10投9中，轰下54分，率领篮网以133比118大胜公牛。

此战欧文专注于每一次投篮，以至于投出了82.6%的超高命中率，并叩开50分大关。纵观NBA历史长河，能以如此高命中率砍下50+的球员只有乔丹（1988/1989赛季），欧文是近30年来首位创下如此高效神迹的NBA球员。

此战获胜之后，欧文毫无喜悦之情，他面如平湖，神情肃然，沉默良久。这是一场"黑曼巴式"的比赛胜利，欧文以此来献给远在天堂之上的科比。

伤病阴霾

2020 年 2 月 2 日，暂居东部第七（21 胜 26 负）的篮网，前往华盛顿挑战东部第十的奇才，欧文和布拉德·比尔两大东部顶级后卫正面交锋。因为两队都在季后赛边缘徘徊，所以此役也是篮网与奇才争夺季后赛席位的"卡位战"。

两队在前三节斗得难分难解。第四节比赛进行到中段，欧文在一次与比尔拼抢篮板球时相撞，倒地时捂着膝盖，久久不能站立，之后被迫回到更衣室，不能再战。

失去"主心骨"的篮网群龙无首，最终以 107 比 113 不敌奇才。

较比赛失利更令篮网沮丧的是，欧文在赛后确诊为右膝内侧韧带拉伤，因此缺席了接下来的 5 场比赛。屋漏偏逢连夜雨，就在欧文右膝伤势逐渐好转时，右肩的旧伤却又出现复发的迹象，此前的注射治疗已经解决不了问题，手术迫在眉睫。

2020 年 2 月 21 日，篮网宣布欧文将接受右肩关节镜手术，将缺席本赛季余下的所有比赛。自此，欧文在布鲁克林篮网的首个赛季因为陷入伤病阴霾而遗憾收场。

2019/2020 赛季，欧文因为伤病累计仅出战 20 场，场均为篮网贡献 27.4 分、5.2 个篮板、6.4 次助攻以及 1.4 次抢断，虽然数据光鲜，但出勤率过低。

半年之前，布鲁克林篮网还被视为自由球员市场的大赢家，他们同时签下了杜兰特、欧文以及小乔丹，成为争冠热门球队，但在 2019/2020 赛季显然事与愿违，杜兰特因为断腱之伤缺席本赛季，欧文又遇伤病阴霾而打打停停，小乔丹更是难复当年之勇。

2020 年命运多舛，疫情肆虐。NBA 被迫在 3 月 12 日停赛，经过 141 天漫长的等待之后，于 7 月底延期再战。最终，篮网在这个缩水赛季，取得 35 胜 37 负，以东部第七的战绩挺进季后赛。因为缺少主将压阵，篮网在季后赛首轮即遭猛龙横扫。

就这样，篮网在风雨飘摇中结束了不堪回首的 2019/2020 赛季。

好在他们在下一个赛季充满希望，因为欧文在 2019/2020 赛季有限的上场时间里表现出非凡的即战力，而且他的右肩手术非常成功。而更为重要的是，此前一直因伤休战的联盟"大杀器"——"死神"杜兰特，终于要伤愈登场了。

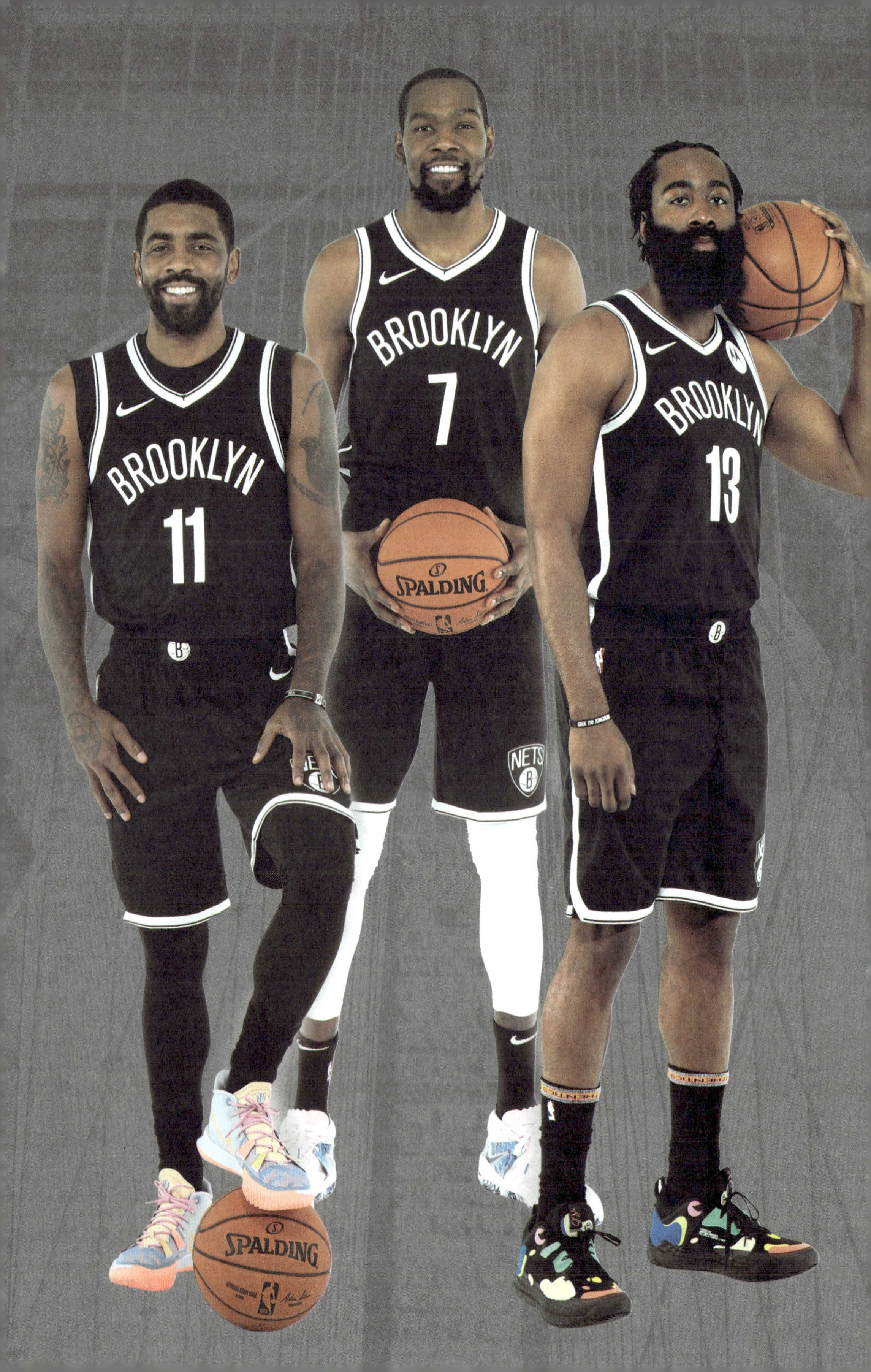
BROOKLYN
11
BROOKLYN
7
SPALDING
NETS
BROOKLYN
13
SPALDING

第十二章
三星明灭

仙锋正传／凯里·欧文

01 K

归去来兮

KYRIE IRVING

因为疫情的影响，NBA 的 2020/2021 赛季推迟到圣诞节前夕才拉开帷幕。

篮网在 2020 年休赛期聘请"风之子"史蒂夫·纳什为球队主教练，聘请（纳什在太阳时期的恩师）迈克·德安东尼为助理教练，这对师徒是 NBA "跑轰战术"的先行者，曾在菲尼克斯太阳联手掀起"7 秒快打旋风"，并一度席卷全联盟。

退役之后的纳什曾在金州勇士担任过助教，在此期间曾指点过杜兰特的投篮，并取得 KD 的信任，这也是纳什能成为篮网主教练的原因之一。

2020 年 12 月 14 日，布鲁克林篮网与华盛顿奇才展开季前赛的交锋。杜兰特终于跟腱伤愈，时隔 522 天再次踏上 NBA 赛场，小试牛刀，轻松砍下 15 分。

2020 年 12 月 23 日，新赛季揭幕战终于打响，布鲁克林篮网对阵金州勇士。 面对

第十二章 / 三星明灭　　　　　　　　　　　　　　　　　　　　Kyrie Irving

这支与"711 组合"都恩怨颇深的球队，杜欧二人自然都不用动员便全力应战。

欧文在上半场 13 投 9 中砍下 24 分。面对老东家，杜兰特全场也有 22 分入账。

最终，"711 组合"首次联袂登场合力砍下 48 分，不仅率篮网以 125 比 99 大胜勇士，取得 2020/2021 赛季"开门红"，还让球迷对于这对组合的未来充满无限遐想。

三天后，篮网做客波士顿挑战凯尔特人，一场全美直播的"圣诞大战"就此打响。

欧文重回北岸花园球馆，虽然因为疫情没有球迷亲临现场，因此也没有震耳欲聋的声浪，但重临故地的欧文还是亲手下起"三分雨"。最终，他 21 投 13 中，三分球 10 投 7 中，罚球 4 罚全中，轰下 37 分，还贡献 6 个篮板、8 次助攻，率领篮网以 123 比 95 大胜凯尔特人。自此，欧文也成为近 10 年来在"圣诞大战"以 60% 命中率得分 35+ 的首位球员，上一位能如此高效得分 35+ 的球员就是欧文身旁的杜兰特（2010 年）。

最强之人已在阵中，当时这种自豪感激荡在每一位篮网球员的心中。

这场焦点大战成为欧文的独角戏，他用一记记宛如利箭的三分球将"老东家"引以为傲的钢铁防线射得千疮百孔，更让他与北岸花园"绿衫"球迷们的恩怨又深一层。

2020/2021 赛季，篮网在前两场分别砍下 125 分与 123 分，成为 NBA 首支在新赛季前两战得分 120+ 且将对手限制在百分之内的球队，"711 组合"的带队能力令人惊叹。

然而，篮网却在进入 2021 年之后陷入迷茫。首先是丁威迪因为进行十字韧带修复手术缺席余下赛季。随后杜兰特又因为违反防疫规定而被联盟停赛 4 场。而欧文也从 1 月 8 日起连续缺席 5 场比赛，究其原因，扑朔迷离。其中原因之一是欧文出席了父亲与姐姐的生日派对（欧文父亲的生日是 1 月 11 日，姐姐的生日是 1 月 12 日），从而违反联盟的防疫规定，因此欧文被罚款 5 万美元兼隔离，这样又缺席了两场比赛。

生活大于篮球。母亲早逝，欧文自幼与父亲、姐姐相依为命，三人亲情深厚，欧文因此选择为姐姐庆生。但在疫情肆虐期间，欧文这种有些"小任性"的选择还是存在感染风险，并且影响到球队的正常运转。常规赛激战正酣，作为篮网领袖之一的欧文因为处理私人事务导致休战数场，也让杜兰特不得不独自率队去挑战诸强。

年逾 32 岁的 KD 拖着伤愈不久的跟腱，挥舞起快冒烟的镰刀，终于率领篮网用一波连胜来止住颓势，而一则令布鲁克林球迷欣喜若狂的消息也随之到来。

篮网三巨头

2021年1月15日，一则重磅交易震惊整个联盟，昔日常规赛MVP、三届得分王与助攻王得主、火箭队的持球大核心——詹姆斯·哈登火线奔赴布鲁克林，与欧文、杜兰特组成了空前强大的"篮网三巨头"。他们三人不仅独具异彩，而且彼此完美契合。

杜兰特堪称进攻效率之王，他那无解单打足以摧毁任何对手；哈登是掌控者，也是得分王，他在个人进攻与助攻队友两种模式间能自由切换；欧文是进攻万花筒、篮球艺术家，他闪击切袭，呈现博物馆式投篮，让篮网有着澎湃不竭的得分动力。

1月17日，哈登迎来篮网生涯首秀，这位昔日"雷霆三少"的三弟与大哥杜兰特率先形成默契。哈登贡献了32分、12个篮板、14次助攻的豪华大三双，创NBA首秀30+三双的独一档纪录，杜兰特也砍下赛季新高的42分。兄弟同心，联手率领篮网以122比115击败魔术。欧文虽然未能上场，却难掩喜悦之情："能和这样优秀的球员同舟共济，令人激动，哈登能带给篮网丰富的经验与更多的胜利。"

1月20日，欧文在离队两周之后重新归队。

1月21日，篮网对阵骑士，"篮网三巨头"终于凑到一起。杜兰特独砍38分、送出4记盖帽，欧文狂掠37分，哈登豪取21分、10个篮板、12次助攻的大三双。虽然篮网经历两个加时赛以135比147惜败给骑士（因为对方主将塞克斯顿爆发独砍42分），但"篮网三巨头"首次联袂登场就合砍96分，依旧展现出汹涌澎湃的进攻火力。

如果说这场失利是归咎于"篮网三巨头"没有时间来寻找默契而仓促上阵。那么两天后篮网再次以113比125不敌骑士，让球队的前景远没想象中的乐观。

此役杜兰特休战，欧文砍下全场最高的38分。但篮网内线遭骑士完爆。最后时刻，"篮网三巨头"同坐在场下表情落寞，他们意识到通往总冠军的道路必将崎岖无比。

1月24日，"三巨头"率领篮网终于迎来胜利，杜兰特砍下31分、哈登得到12分、11次助攻经济两双，欧文掠下28分，三人率队主场以128比124击败坚韧的热火。

在经历了短暂的起伏后，篮网从2月中旬渐入佳境。虽然杜兰特因为左膝内侧副韧带扭伤远离赛场4至6周，但欧文和哈登的联袂发挥，篮网高歌猛进，接连战胜了湖人、

Kyrie Irving

快船、太阳、勇士等强队。2月16日，篮网以136比125战胜国王。欧文22投15中，三分球11投9中，砍下40分，得分和三分球命中数均创个人的本赛季新高。

篮网在3月份陷入伤病泥潭。3月11日，杜兰特因2级腿筋撕裂需要（缺阵）8周时间来康复。危急时刻，欧文挺身而出，率领篮网在3月打出10胜2负的联盟最佳战绩，反超76人冲上东部第一宝座。欧文的个人表现非常惊艳，他以51%的命中率场均砍下30.2分，三分命中率也达到39%。欧文在3月份的攻击效率高居联盟第一，此外，欧文还在3月8日的全明星赛上代表杜兰特队首发登场，贡献24分、12次助攻的两双。

值得一提的是，欧文在3月份率领篮网高歌猛进之际，两大全明星大前锋布雷克·格里芬与拉马库斯·阿尔德里奇也火线来投。一时间，"篮网三巨头"担纲的篮网升级为空前豪华的"五星战阵"，"NBA大结局"的论调甚嚣尘上。

时间进入4月份，哈登又遭遇腿筋伤势。欧文重回一号位，承担起球队指挥官与首席得分手的双重角色。那是4月6日的纽约"德比"，哈登只登场4分22秒便因腿筋伤势遗憾退场。欧文再度力挽狂澜，全场28投15中，轰下40分，送出7次助攻，率领篮网在主场以114比112力克尼克斯。此役也是欧文在篮网的第7场40+。

4月8日，时隔53天，杜兰特终于伤愈归来，出战仅18分钟，5投全中，以100%命中率砍下17分，与欧文联手率领篮网仅用三节便击溃鹈鹕。

篮网自此顺风顺水。然而，命运就像云，捉摸不定。4月15日，正当篮网豪华战阵

仙锋正传

浮现之时，阿尔德里奇却因为在比赛中出现心律不齐等致命症状，不得不提前告别赛场，阿德的退赛让篮网的争冠之路蒙上一层阴影。

4月21日，在杜兰特和哈登双双缺席的情况下，欧文19投12中，拿到32分，并贡献8次助攻，凭借一己之力率领篮网以134比129击败鹈鹕。

欧文又独自率队完成一场经典胜利，但他的高效表现远未停止。5月7日，篮网客场挑战独行侠，欧文31投17中，砍下赛季新高的45分。在该赛季末期篮网伤病满营的逆境中，欧文用一己之力维护住球队的基本盘。

5月9日，篮网在丹佛高原一度陷入落后21分的逆境，7号杜兰特挥起镰刀，露出"死神"峥嵘，斩获33分、11个篮板、7次助攻，统治攻防两端。11号欧文也展现出博物馆级的进攻，砍下31分。"711"组合联手取得64分，率领篮网完成大逆转，以125比119险胜掘金。

大伤归来，杜兰特场均依然能砍下28.3分，投篮命中率达到惊人的54.6%，三分球命中率达到惊人的47.9%，几乎弹无虚发。天赋异禀的"死神"满血复活，足以令整个联盟为之震颤。

2020/2021赛季战罢，篮网最终取得48胜24负，仅落后76人，高居东部第二。

欧文在这个赛季共出战54场，场均贡献26.9分、4.8个篮板、6次助攻和1.4次抢断，投篮命中率高达50.6%，三分球命中率高达40.2%，罚球命中率高达92.2%，一举跻身象征顶级效率的"180俱乐部"。即便是在"篮网三巨头"火力分摊的模式中，欧文依旧打出联盟第一档的得分产量与效率，堪称篮网最锋利的那把利刃。

与此同时，杜兰特在这个赛季出战35场，场均同样砍下26.9分，还贡献7.1个篮板、5.6次助攻，投篮命中率为53.7%，三分球命中率为45%，在大伤初愈、接近33岁的年纪，杜兰特依然创下职业生涯命中率的新高，其绝佳状态不禁令人惊叹。

2020/2021 赛季，哈登也在加盟篮网之后，出战 36 场，场均为球队贡献 24.6 分、10.9 次助攻的豪华两双。投篮命中率为 46.6%，三分球命中率为 36.2%。

"篮网三巨头"在 2020/2021 赛季场均能合力贡献 78.4 分、22.5 次助攻，联袂在进攻端打出古今罕见的超强火力，唯一美中不足的是三人的健康问题，杜哈二人在常规赛季就饱受伤病困扰，欧文虽然相对健康，却在接下来的季后赛遭遇"无妄之灾"。

2020/2021 赛季末期，哈登因为腿筋拉伤休战许久，虽然在季后赛之前及时归队，但似乎没有痊愈，"篮网三巨头"也未能进行长时间地有效磨合。带着这些问题仓促上阵的篮网，在接下来季后赛面对劲敌轮番挑战时，还是出现了一些麻烦。

高歌猛进

KYRIE IRVING

2021年5月23日，季后赛开打，篮网坐镇主场迎来凯尔特人。

杰伦·布朗因为手腕受伤缺席整个季后赛，"双探花"只剩塔图姆单核带队。

篮网最终以104比93击败凯尔特人。"篮网三巨头"在季后赛首度合体初显威力：杜兰特砍下32分、12个篮板；欧文青锋斜刺，轻取29分；哈登坐镇中军，送出21分、9个篮板、8次助攻的准三双。"篮网三巨头"在季后赛首秀合砍82分。

5月26日，篮网以130比108再胜凯尔特人，以总比分2比0领先。

5月29日，两队移师波士顿，在北岸花园球馆17面总冠军旗帜的激励下，塔图姆表现神勇，砍下季后赛生涯新高的50分，率领凯尔特人以125比119击败篮网。

5月31日，第四战。"篮网三巨头"联手打出一场BIG3终极形态的进攻盛宴。杜兰特20投14中，暴砍42分，并送出5次助攻；欧文命中6记三分球，狂揽39分，还贡献了11个篮板；哈登轻取23分，还送出个人季后赛新高的18次助攻。

"篮网三巨头"合砍104分、20个篮板、25次助攻，三位惊为天人的球员能共聚一场，

第十二章／三星明灭　　　　　　　　　　　　　　　　　　　　　　　Kyrie Irving

且同为一队，此等壮观景象世所罕见，也让得到 40 分的塔图姆沦为"空砍"。

最终，篮网 141 比 126 大胜凯尔特人，以总分 3 比 1 拿到赛点。

在这场"篮网三巨头"全面爆发的巅峰大战中，欧文在北岸花园球馆全体球迷（针对他）的漫天嘘声中打完全场，砍下 39 分并随队取胜之后，也许是出于（宣泄郁闷）少年意气，做出了一个脚踩凯尔特人队标的冲动之举，让彼此恩怨又加深一层。

6 月 2 日，篮网回到巴克莱中心球馆，最终在第五战以 123 比 109 击败凯尔特人，以总比分 4 比 1 淘汰对手，"篮网三巨头"率队轻松挺进东部半决赛。

2021 年 6 月 6 日，东部半决赛首战，篮网对阵"字母哥"阿德托昆博领衔的雄鹿。

虽然哈登在开场仅 43 秒就因右腿腿筋拉伤而退场，但篮网随即推出"711 王炸"双打模式，凭借这种简单粗暴且有效的攻击模式开始了"猎鹿行动"。最终，杜兰特掠下 29 分、10 个篮板，欧文也贡献 25 分、8 次助攻，"711 组合"力压"字母哥"（34 分、11 个篮板），率领篮网以 115 比 107 猎杀雄鹿，赢得东部半决赛的首场胜利。

6 月 8 日，东部半决赛第二场，欧文虽然只有 22 分进账，但篮网全队一共命中 21 记三分球，直接射穿雄鹿。最终，篮网以 125 比 86 血洗对手，将总比分改为 2 比 0。

177

仙锋正传　　　　　　　　　　　　　　凯　里 · 欧　文

04 K
垫脚之殇

KYRIE IRVING

东部半决赛前两场战罢，两队移师到密尔沃基。6月11日，第三战，雄鹿凭借米德尔顿（独取35分）的爆发，以86比83险胜篮网，在布拉德利中心球馆取得一场胜利。

虽然雄鹿在自己的地盘找到些许底气，但他们与篮网的差距还是非常明显。

6月14日，篮网与雄鹿的第四战依旧在布拉德利中心球馆打响。前三战过后，雄鹿以总比分1比2落后，此战不容有失，但击败篮网很难。虽然哈登因伤不能上场，但篮网凭借"711组合"的"王炸"双打模式还是占据上风，杜兰特与欧文就像锋利无比的长矛利刃，里突外投，频繁洞穿雄鹿的防线，让"字母哥"等人无计可施。

篮网在第四战首节就以26比23领先，第二节，欧文更是锐不可当，连得7分。

眼看胜负天平已经倾向篮网，但顷刻间风云突变。那是第二节5分25秒，欧文空切至篮下，接到杜兰特传球高高跃起将球抛进，落地时踩到"字母哥"的脚上，右脚瞬间出现90度崴伤，顿时倒地痛苦不已，最终在队医的搀扶下一瘸一拐地走回了更衣室。从慢镜头来看，"字母哥"从侧面冲过来时将脚向前略伸，没有给欧文留出躲避空间。

因为这次脚踝扭伤，欧文不得不缺席本赛季余下的所有比赛。赛后，"字母哥"坦言自己没有故意垫脚，还以为欧文是腹股沟受伤，并祝他早日康复。虽然"字母哥"是否有意垫脚众说纷纭，但结果是此战缺少了欧文，篮网的进攻变得滞涩，最终以96比107败北。而欧文的缺阵，还直接影响到篮网与雄鹿在此轮东部半决赛的胜负走势。

可以说，在欧文脚踝扭伤的那一瞬间，胜负的天平就陡然反转。

Farm
DEF REB
TURNOVERS
TOTAL FOULS
FG
3PT
FT
BROOKLYN
BUCKS
PLAYOFFS

仙锋正传

05 意难平

2021年6月16日，东部半决赛第五场"天王山之战"在布鲁克林巴克莱中心球馆打响。因为欧文缺阵，篮网排兵布阵捉襟见肘，危急关头，哈登拖着一条伤腿仓促上阵。因为腿筋伤势未愈，只剩三成功力的哈登没有了昔日那犀利突破与精准后撤步三分，就连最擅长的传球都失误连连，在防守端更是有心无力。

昔日所向披靡的"篮网三巨头"如今只剩"死神"。于是，杜兰特毕其功于一役，在这场"天王山对决"打出生涯最光华绚烂的一战。他23投16中，投出70%的超高命中率，豪取49分、17个篮板、10次助攻的超级大三双，此外还有3个抢断、2记盖帽，率领篮网完成17分大逆转，以114比108击败雄鹿。

赢下"天王山之战"后，篮网在密尔沃基输掉第六场，与雄鹿战至3比3平。2021年6月20日，篮网与雄鹿的"抢七大战"在巴克莱中心打响。这是一场波澜起伏的经典之战，也成为无数球迷心中永远的"意难平"。

常规时间最后6秒钟，107比109，篮网依然落后2分。当杜兰特顶着塔克的贴防，在三外线附近拔起命中一记转身跳投时，比赛仅剩最后1秒，布鲁克林巴克莱中心球馆顿时欢声雷动。然而，这粒进球却因为踩线由"绝杀三分球"变成"绝平两分球"。

根据回放显示，杜兰特投篮起跳时（可能因为鞋子太大），导致踩到三分线，踩到的距离约为1厘米。就是这微乎其微的1厘米却成为蝴蝶的翅膀，轻轻振动就引发一场足以改变无数人命运的风暴，而KD那记中投也成了"史上距离最远的两分球"。

凭借杜兰特那记"绝平超远两分球"，篮网与雄鹿在常规时间战成109平。

"抢七大战"进入加时赛，但此时的杜兰特已经倾其所有，打完了最后一颗子弹，以至于他在加时赛颗粒无收。最终，雄鹿在"抢七大战"以115比111击败篮网，以总

比分4比3淘汰对手，挺进东部决赛。即便杜兰特在"抢七大战"轰下48分，但在没有欧文，以及哈登因伤大打折扣的逆境下，也无力回天，无奈目送雄鹿迈向东巅。

坐在场下的欧文目睹了这一切，心有不甘，即便多年以后回忆起来，仍然对自己扭伤耿耿于怀："那是我职业生涯中最痛苦、最令人遗憾的时刻。如果我不受伤，当时篮网将会在那一年夺得总冠军，这一点毫无疑问。"

的确，一个全员健康的"篮网三巨头"率队几乎能打出天下无敌的进攻即战力，可惜，他们在一起打球的场次实在是太少。如果欧文没有扭伤脚踝，那么篮网将击败雄鹿，这一点几乎没有人怀疑。随着雄鹿夺得2021年总冠军，篮网的遭遇尤为令人可惜。

可惜的是，这个世界没有如果……

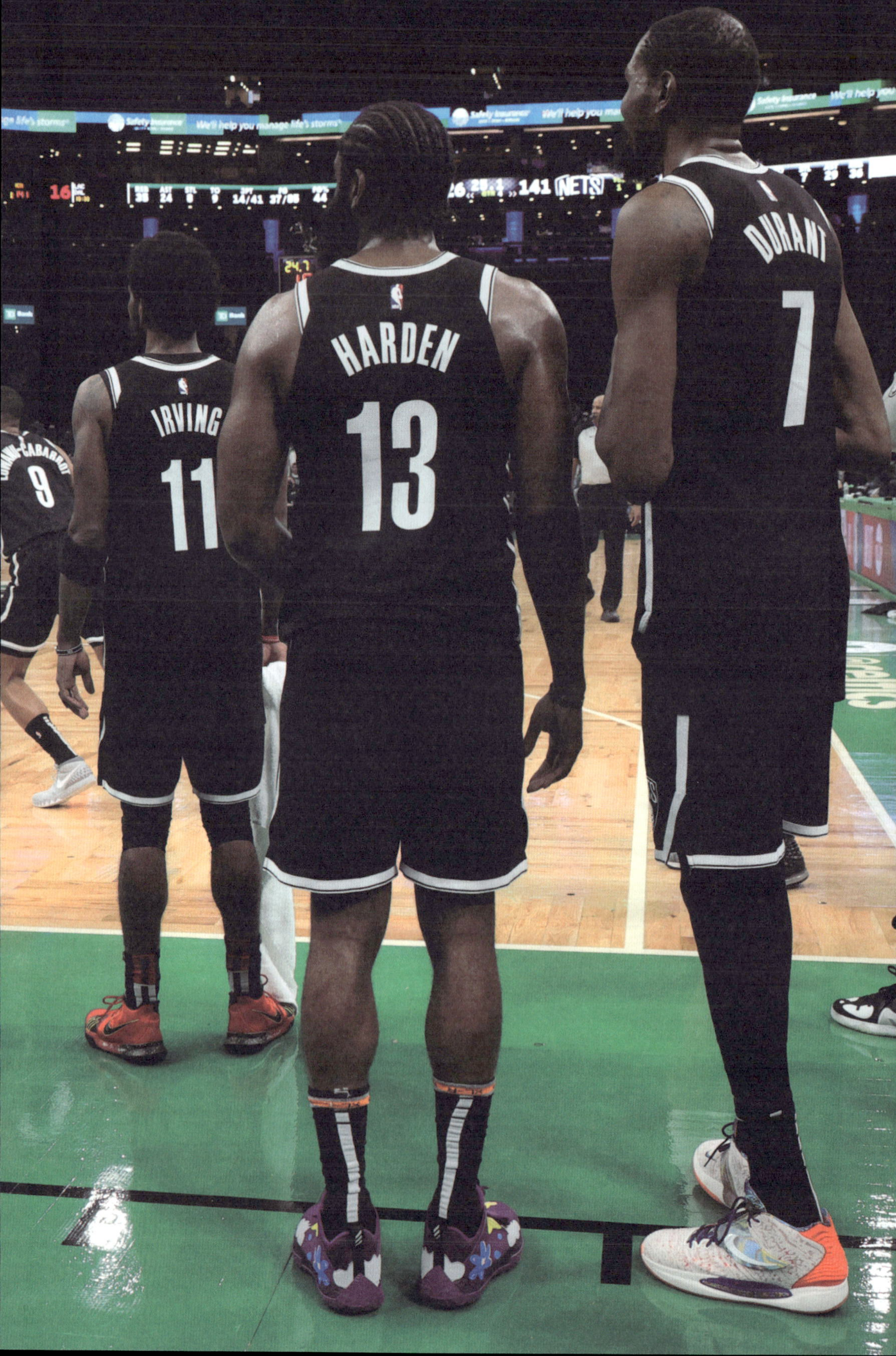

IRVING
11
HARDEN
13
DURANT
7
NETS

第十三章
风流云散

仙锋正传之凯里·欧文

01 疫情风波

KYRIE IRVING

2021年休赛期，因为欧文没有注射新冠疫苗，根据纽约的疫情防控规定，在接下来的2021/2022赛季，欧文将不能在纽约布鲁克林区的巴克莱中心球馆比赛。这也意味着因为不接种疫苗，欧文不能在主场作战，甚至不能随队在主场训练。

这无异于给新赛季志在夺冠的篮网泼了一盆冷水。即便如此，从篮网主教练纳什到杜兰特等队友都对于欧文不打疫苗表示理解，并希望他能克服困难，早日归队。

对于不打疫苗，欧文表示："接种疫苗与否的行为，我都支持，也很感谢医护人员在疫情防范方面作出的贡献，只是我决定不接种疫苗。"

至于欧文不打疫苗更具体的原因，因为众说纷纭，莫衷一是，在此不再过多阐述，但有一点是肯定的，因为欧文不打疫苗所引起的一系列连锁反应，让布鲁克林篮网在新赛季陷入举步维艰的尴尬境地，也直接或者间接地影响到篮网的未来。

2021年10月20日，2021/2022赛季常规赛大幕开启，篮网客场挑战雄鹿。

因为欧文没有接种疫苗，多次错过赛季前与篮网一起训练和比赛的机会，根据相关防疫的措施，欧文未能随队前往密尔沃基，因此也失去了"复仇"雄鹿的机会。

没有了欧文，纵然杜兰特砍下32分，哈登贡献20分、8次助攻，依然没能率领篮网击败东部半决赛淘汰自己的雄鹿，以104比127不敌对手，铩羽而归。

"三巨头"缺少欧文，篮网仅靠33岁的杜兰特与伤势未痊愈的哈登苦苦支撑，这也是这支布鲁克林球队在2021/2022赛季的一个缩影。

篮网迫于严峻疫情与错综复杂的防疫形势，对于（没有接种疫苗）欧文做出停赛与停止随队训练的决定。一度无球可打的欧文对此也颇为无奈，他表示："无法上场，只能作为一名旁观者真的很痛苦，但我会一直坚持自己训练，枕戈待旦。"

12月中旬，由于疫情导致NBA许多球队面临人手不足，篮网虽然暂居东部第一，但已经被疫情和伤病"撕扯"得支离破碎。包括哈登和阿尔德里奇在内的7名球员触发了联盟健康与安全协议，杜兰特也遭遇右脚踝酸痛，而乔·哈里斯则进行了左脚踝手术。

篮网用人捉襟见肘，欧文终于迎来上场的机会。12月18日，篮网总经理肖恩·马克斯发表声明宣布，欧文将归队参与客场比赛，以分担杜兰特与哈登的压力。

同时马克斯还强调："我们的目的是大家能聚在一起全心全意打球，因此不能找兼职球员，这对欧文和其他球员都不公平。我们要树立争冠目标，并为之努力。"

听闻解禁的消息，欧文激动不已："我想念比赛的节奏，因此心跳加速。"

欧文的回归之路并不平坦，根据联盟防疫规定，欧文在归队前必须连续通过5次核酸阴性检测。12月30日，欧文终于通过了一系列检测，才被允许参加球队训练。

时隔9个月之后首次参加篮网的训练，欧文感慨万千道："非常激动能回到队友身边，大家都非常欢迎我，如果有机会，我将在第一时间上场，与队友一起并肩作战。"

时间如白驹过隙，转眼已经来到2021年尾声。距离欧文2021/2022赛季的首秀越来越近，那个球风灵动飘逸的"德鲁大叔"终于要回来了。

仙锋正传　　　　　　　　　　　　　　　凯　里·欧　文

02 哈登离去

KYRIE IRVING

　　时间进入 2022 年，虽然缺少欧文，但篮网在杜兰特与哈登的率领下，在 2021/2022 赛季取得了 23 胜 11 负的东部第二战绩。然而，高强度输出也透支了杜哈两位"三旬老汉"的身体，留下了伤病隐患，而篮网在进入 2022 年也随即遭遇一波连败。

　　2022 年 1 月 6 日，篮网客场挑战步行者。欧文终于迎来了 2021/2022 赛季的首秀，在此之前，他已经足足错过了 35 场比赛。好在一个迟到的欧文并没有让篮网球迷失望，他在第四节独砍 10 分，用一连串蝴蝶穿花的惊艳突破撕碎对手的防线。

　　最终，欧文贡献 22 分、3 个篮板、4 次助攻和 3 次抢断的全面数据，与杜兰特（39 分）、哈登（18 分、6 次助攻）联手率领篮网完成 19 分大逆转，在客场以 129 比 121 击败步行者，结束了一波三连败颓势。由此可见，欧文的回归，带来了立竿见影的效果。

　　"篮网三巨头"终于再一次三剑合璧，这支布鲁克林的球队又恢复豪强本色。

　　1 月 13 日，"篮网三巨头"率队以 138 比 112 狂胜当时东部排名第一的公牛。这场畅快淋漓的大胜又一次唤醒篮网球迷对于夺冠的畅想，然而，当时谁也不会想到，这场大胜竟是"篮网三巨头"最后一次"联袂绝唱"。

　　2022 年 1 月 16 日，杜兰特在战胜鹈鹕的比赛中遭遇内侧副韧带扭伤，不得不远离赛场 4 到 6 周。1 月 22 日，篮网客场挑战马刺，哈登豪取 37 分、10 个篮板、11 次助攻的大三双，欧文末节独砍 15 分，全场轻取 24 分。在没有杜兰特的情况下，哈登与欧文双星闪烁，率领篮网客场以 117 比 102 大胜马刺，拿到两连胜，重返东部第一宝座。

　　然而，那是哈登留给篮网的最后一抹华彩。随后，篮网开始起伏不定，并在 1 月下旬开始遭遇一波 11 连败。杜兰特因伤缺阵，欧文因为没打疫苗导致主场不能上场，哈登也在 1 月底连续遭遇左腿筋伤势复发与右手拉伤，因此缺阵数场。

　　哈登在那段时间苦苦支撑，让自己从心神俱疲到心力交瘁，然而更关键的是，他在当时的篮网看不到希望。哈登对于欧文不打疫苗、自己没有战术核心地位以及续约迟迟没有进展等现状感到沮丧，基于种种原因，哈登决定对交易持开放态度。

　　在那段云谲波诡的特殊岁月，命运的浪潮汹涌，推动着人身不由己地向前……

Kyrie Irving

2022年2月11日，尘埃落定，哈登被交易至费城76人。

具体交易方案为：篮网送出哈登、米尔萨普，从76人得到本·西蒙斯、赛斯·库里、德拉蒙德、一个不受保护的2022年首轮签以及一个2027年受保护的首轮签。

就这样，哈登从2021年1月14日加盟篮网到2022年2月11日被交易至费城，被寄予厚望的"篮网三巨头"也因此仅仅联手一年零一个月就宣告解体。

如果没有伤病等因素，那么"篮网三巨头"将成为当时NBA的最强三人组。从他们联手登场的吉光片羽的中可以看到端倪。可惜，他们三人同时在场的比赛仅有16场（战绩13胜3负）。以至于多年以后，关于"篮网三巨头"的一切将湮灭在历史长河里，但他们的故事依然会在无数球迷的青春岁月中泛起永恒的涟漪。

大家都曾记得，2021年那个夏天，欧文的脚踝扭伤，哈登的腿筋拉伤，以及杜兰特踩到三分线的1厘米，可谓失之毫厘的1厘米，差之千里的结局（由绝杀变绝平），都将成为无数球迷心中永远的"意难平"。

哈登离开篮网，当时还在养伤的杜兰特对于三弟的离去感到非常震惊与不解，甚至一开始还有些悲愤之情，以至于在接下来的2022年全明星赛选人环节，身为队长的杜兰特并没有选择哈登，让人觉得昔日雷霆的好兄弟大有恩断义绝之意。

不过，两年以后身披太阳战袍的杜兰特还是解开了心结："虽然当时我对于哈登的不辞而别感到有些生气，但那些日子早已过去。哈登是我初入联盟便并肩作战的好兄弟，我能理解他的选择，并祝福他一切都好。"

187

仙锋正传　　　　　　　　　　　　　　　　　　　　凯　里·欧　文

03 K 风雨降魔路
KYRIE IRVING

哈登转会去了76人，仅仅1年间，"篮网三巨头"便宣告解体，遥想杜兰特、欧文与哈登于2021年2月在纽约聚首，要一起率领布鲁克林篮网夺冠的誓言犹在耳畔，但骤然分手的结局却突然摆在眼前，只留一声慨叹在风中回响。

此时的杜兰特依然休战，欧文只能出战客场比赛，哈登又离开，多重打击之下的篮网战绩一落千丈，从夺冠大热门沦为"鱼腩"，遭遇一波11连败，跌至东部第八。

此时，篮网的季后赛席位恐有不保，危急时刻，欧文再次亮出"神仙剑"，在有限的客场比赛中多次上演得分"名场面"。那时候，无数球迷都只能无奈地赞许："欧文的优点是打球好，缺点是不打球。"

2022年2月27日，篮网客场挑战雄鹿，欧文终于等来复仇时机，他26投14中，轰下38分，率队以126比123击败对手。射鹿成功之后，欧文又在3月9日率领篮网直捣"蜂巢"，在乔丹的地盘独揽50分，率队以132比119大胜夏洛特黄蜂。

此战，欧文全场19投15中，三分球12投9中，罚球13投11中，高效轰下50分，命中率超75%，仅19次出手就得到50分，纵观NBA历史，也只有两人能做到，分别为威利·伯顿在1994年19次出手得53分，以及丹特利在1980年17次出手砍50分。

欧文此战堪称触及NBA得分效率的"天花板"，但他的得分盛宴还在继续。

3月16日，篮网对阵魔术。欧文半场就狂砍41分，三节战罢轻取51分。欧文在第四节还剩8分32秒时，得分已达到生涯新高的60分。可惜的是，鉴于篮网此时已领先魔术37分，欧文便下场休息了，将那些触手可及的得分纪录，视为浮云。

欧文此役全场31投20中，三分12投8中，率领篮网150比108大胜魔术，并将生涯新高的纪录推至60分。如果他打满第四节，可以冲击70+，甚至更高……

值得一提的是，在欧文狂飙之旅开启之前，缺席21场的杜兰特已经于3月4日伤愈归队，不过伤愈不久的"死神"在欧文暴走之时扮演起托刀掩杀的角色，偶尔才会显露峥嵘，也曾上演单场53分的壮举。随着杜兰特归来、欧文爆发，篮网在"711组合"梅花间竹般飘分浪潮催动下，加上新援的逐渐融入，重新杀回季后赛球队序列。

3月23日，欧文迎来30岁生日。两天后，他收到最好的生日礼物——纽约市长埃

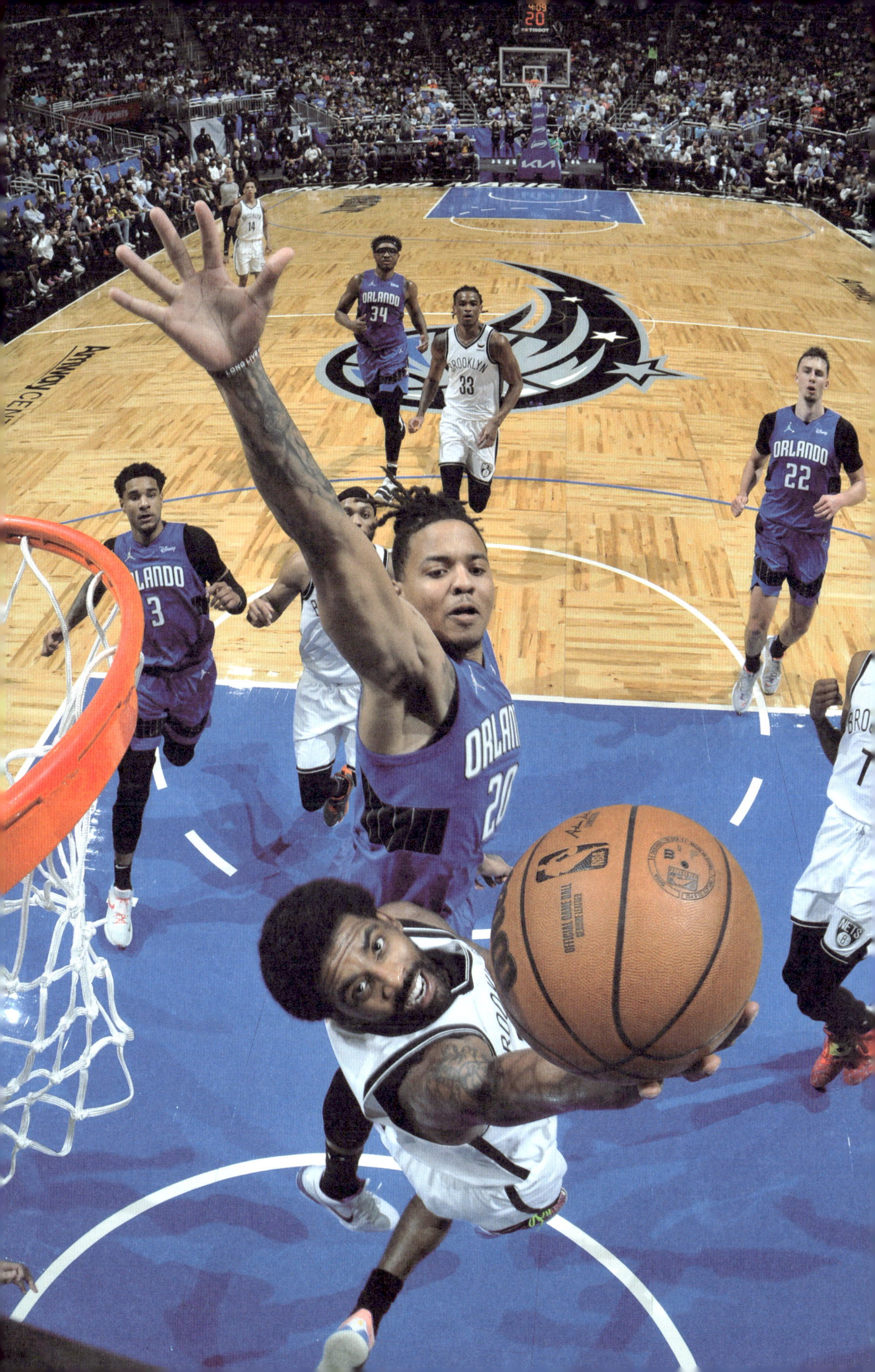
ORLANDO
34
BROOKLYN
33
ORLANDO
22
ORLANDO
3
20

里克·亚当斯宣布允许职业运动员在工作场所获得（疫苗）豁免，欧文正式恢复成为一名全职球员。3月28日，欧文时隔658天之后再度在巴克莱中心亮相，可惜他虽然贡献16分、11次助攻的两双，却没能率队收获胜利，篮网以110比119不敌黄蜂。

抛开比赛胜负，能在主场见到欧文，这对于篮网无疑是一个积极信号。

2022年4月10日，常规赛季战罢。篮网以44胜38负的战绩结束征程，成为东部的七号种子，这意味着他们必须通过附加赛才能拿到季后赛门票。

欧文在2021/2022赛季因为疫苗事件影响只出战29场比赛，场均贡献27.4分、4.4个篮板、5.8次助攻和1.4次抢断，投篮命中率维系在46.9%的平均水准，三分球命中率却达到生涯新高的41.8%。也许，断断续续的比赛节奏，影响不了"神仙"的境界。

4月12日，篮网对阵骑士的附加赛打响。面对"老东家"，欧文如有神助，前12投全部命中，直接奠定了胜势。最终，欧文15投12中，高效砍下34分，还送出12次助攻，杜兰特得到25分、11次助攻的两双，布朗也贡献18分、9个篮板和8次助攻的准三双，篮网在主场以115比108力克骑士，以第七名杀入季后赛。

面对欧文如此发挥，唯一尚在骑士的前"三巨头"成员乐福表示习以为常："我之前就经常看过他这样的表现，他绝对是未来的名人堂成员。"詹姆斯也发推特表示赞同："欧文应该入选75大巨星，他配得上这一荣誉。"

2022年4月18日，季后赛首轮第一场，篮网客场挑战凯尔特人。欧文又要面对另一个"老东家"，回到TD北岸花园球馆，迎接他的依旧是"绿衫"球迷的漫天嘘声。

欧文在北岸花园震耳欲聋的声浪中表现神勇，全场20投12中，三分10投6中，罚球9投全中，砍下全场最高的39分，还取下5个篮板、6次助攻和4次抢断。尤其在第四节，欧文9投7中（三分球5投4中）独砍18分，率领篮网一度反超比分。可惜塔图姆在最后时刻完成上篮压哨绝杀，篮网114比115惜败于凯尔特人。

篮网首战遗憾败北，欧文高效揽下39分却成为"空砍帝"，不过欧文在首战的表现还是令人惊叹。正当所有篮网球迷都认为"711组合"将会率队卷土重来、击败对手之时，却发现这支布鲁克林的球队离胜利越来越远。

此后三战，篮网竟然连输三场，被凯尔特人以4比0横扫出局。

第二场篮网在客场107比114不敌凯尔特人；第三场篮网回主场以103比109再次不敌凯尔特人；第四场篮网在主场以112比116依旧惜败凯尔特人。复盘篮网的这三场

失败，虽然分差均不上双，但最后都难免失利，其原因就是实力与状态都不如对手。

欧文在这三场全然不见首场的神勇状态。随着比赛的深入，步入"斋月"后不能及时进食的欧文还出现体力不足的状况（欧文从4月2日到5月2日进入"斋月"，斋月期间，欧文在每天的日出之后到日落之前，也就是从凌晨3点到下午4点之间，都不饮不食）。在高强度的季后赛比赛间歇，欧文曾在场下手拿香蕉以待日落后第一时间来充饥。

欧文在"斋月"期间共打了14场比赛，场均拿到25.9分、4.6个篮板和6.7次助攻，投篮、三分与罚球三项命中率分别为47%、39%和96%。平心而论，表现还不错，只是在季后赛这样强度较大的"高端局"中，欧文还有些不适应。

"711组合"的"11"因此变得低迷，而"7"的镰刀也没有发挥出应有威力，杜兰特在这三场打得中规中矩，篮网球迷期待的"死神"并未如期降临。

很显然，"711组合"并没有发挥出应有的实力，其状态对应不上"绿衫双探花"。而让篮网输得最彻底的是与凯尔特人相比全面处于下风的阵容，尤其在"711组合"迟迟打不开得分账户之时，篮网竟然没有人能够来填补得分荒。

哈登离去，导致篮网在进攻端的实力大大受损。杜兰特、欧文在面对凯尔特人多人包夹的同时，还要兼顾得分、串联和防守，这让两人疲于应对，迷失自己。

就这样，"711组合"领衔的篮网被凯尔特人无情横扫，遥想1年前，"三巨头"率领篮网4比1淘汰凯尔特人。时过境迁，相同的对手，却命运陡转。

仙锋正传　　　　　　　　　　　　　　　　　　　　凯　里 · 欧　文

04 K
曲终人散
KYRIE IRVING

　　步入而立之年的欧文首次遭遇季后赛被横扫的尴尬境遇，但他决定要卷土重来。

　　刚刚步入2022年休赛期，欧文就宣布放弃多种执行选项与交易方案，履行下赛季3700万美元的球员选项合约，这也意味着他在接下来的2022/2023赛季继续留在篮网，与杜兰特一起并肩作战，而下赛季也是欧文至关重要的"合同年"。

　　不出意外的话，我们在2022/2023赛季依然能见到"711组合"并驾齐驱的身影，看到30岁正值当打之年的欧文为下一份大合同，更为证明自己，打出高光表现。

　　可惜，还是出了意外。

　　2022年10月末，欧文因为"推特转发事件"引起轩然大波，也触碰到NBA的规范，因此遭到NBA的处罚，篮网也对欧文做出禁赛8场的决定（此事件过程繁复，在此就

第十三章／风流云散

Kyrie Irving

不赘述了）。虽然欧文很快就删除了引起轩然大波的转发内容，并承认推特转发是无心之举，还对此事采取捐款、道歉等补救措施，但此事件已经扩大到覆水难收的境地。

11月2日，欧文因禁赛无法上场，杜兰特独木难支，篮网在主场以99比108大败于公牛。主教练纳什黯然下课，由助理教练雅克·沃恩接过篮网教鞭。没想到，换帅如刀，篮网自此一飞冲天，凭借一波优异战绩重回东部豪强的行列。

2022年11月21日，篮网对阵灰熊，欧文终于禁赛期满火线归队。自此，欧文逐渐恢复最佳状态，与杜兰特联手，率领篮网连战连捷。从2022年11月21日到2023年1月9日，篮网取得20胜4负同期联盟最佳战绩，其中包括一波队史第二长的12连胜。

欧文在此期间场均贡献25.7分、4.8个篮板和4.6次助攻，三分球命中率高达40%。其中，欧文在12月17日篮网对阵猛龙的比赛中表现抢眼，全场砍下32分，并在最后时刻一箭穿心，命中了生涯首粒压哨绝杀三分球，率队以119比116险胜猛龙。

12月27日，篮网前往克利夫兰挑战骑士，故地重游的欧文重燃斗志，全场19投11中，三分球11投7中，砍下32分，并在第四节上演1分钟连得8分的得分大戏。

杜兰特18投10中，三分球8投5中，同样也砍下32分，总得分达到26516分，超越邓肯（26496分），升至NBA历史总得分榜的第15位。"711组合"合砍64分，锋芒不可阻挡，率领篮网以125比117战胜骑士，豪取9连胜。

2023年1月9日，杜兰特在对阵热火的比赛中右膝内侧副韧带扭伤，至少要缺席两周时间。没有"死神"压阵的篮网战力大减，此后遭遇一波四连败。

危急时刻，单核带队的欧文挺身而出，在1月21日客场挑战爵士的比赛中彻底爆发，29投18中，其中三分球15投8中，狂砍48分，还抢下11个篮板，送出6次助攻和4次抢断。双方鏖战至第四节，欧文再度化身"末节之王"，10投7中，独砍21分，率领篮网在"盐湖城"以117比106击败爵士。

1月23日，篮网转战旧金山，欧文又砍下38分，贡献7个篮板、9次助攻，率队在库里的地盘以120比116逆转险胜勇士。在杜兰特缺阵之时，欧文率队连续攻克爵士的能源方案球馆与勇士的大通中心两座"魔鬼主场"，将"单核"能量发挥到极致。

从那场独得48分开始，欧文打出连续6场得分30+的高光表现，并证明了自己的单独带队能力。世人期待欧文在布鲁克林续写未来之时，欧文却在2月初做出了一个出人意料的决定，向篮网提出交易申请，想在交易截止日前被球队送走。

欧文要求交易的举动看似突然，实则必然。

受到禁赛8场以及推特事件余波的不断影响，欧文在2022/2023赛季缺阵场次比较多，上场时间也有些支离破碎，而他与篮网的续约谈判也因此陷入停滞中。

篮网需要欧文成为球队基石型巨星，首先要保证出勤率，这也是NBA球队对球员最基本的要求。而欧文因为上赛季不打疫苗以及这赛季的推特风波，导致比赛时断时续，篮网因此也对于续约欧文失去了信心，在合同上加上了出勤率保证等约束条款。

欧文在篮网效力的三个半赛季期间，场外麻烦不断，这也导致他仅为篮网出战143场，缺席135场，出勤率刚刚过半（51.4%）。篮网方面出于职业角度与谨慎态度，希望与欧文签订一份有出勤率保障的3年合同，可以理解。而欧文方面坚持签订一份不能附带任何条件的长约，也无可厚非。双方因立场不同导致合同悬而未决。在篮网与欧文于续约方面裹足不前、陷入停滞之时，欧文毅然做出离开布鲁克林篮网的决定。

消息一出，湖人、太阳和独行侠成为欧文的追求者。此后，快船也加入欧文的争夺战中。很快尘埃落定，2023年2月6日，篮网与独行侠达成交易，将凯里·欧文和马基夫·莫里斯送到达拉斯，换来芬尼·史密斯、斯宾塞·丁维迪、一个2029年无保护首轮选秀权、一个2027年第二轮选秀权和一个2029年第二轮选秀权。

自此，欧文背上西行的行囊，前往达拉斯独行侠，在那里，有联盟新一代的"持球大核心"卢卡·东契奇，他们之间搭档，必将成为联盟中最具威胁的二人组之一。

欧文突然单飞，留下杜兰特形单影只，彼时"死神"心灰意冷，毅然决定离开布鲁克林篮网。于是，2023年2月10日，篮网与太阳达成交易。篮网将凯文·杜兰特、T.J.沃伦交易到菲尼克斯，得到米卡尔·布里奇斯、卡梅伦·约翰逊、杰·克劳德以及四枚首轮签（2023年、2025年、2027年和2029年），外加2028年的选秀权。

虽然杜兰特留不住，但篮网也从KD的交易中收获了一批青年才俊。

就这样，"711组合"曲终人散。杜兰特与欧文，两大联盟前五的得分手，一位是大马长枪、以无解单打傲视群雄的"死神"；一位是蝴蝶穿花、以博物馆式进攻独领风骚的"神仙"，他们的联手满足世人对于进攻篮球的一切美好想象，可惜未能长久。

杜兰特与欧文都视得分如探囊取物，但骨子里都是超级得分手，而与他们最适配的搭档是——持球大核心，譬如，一位没有伤病的哈登，可惜造化弄人……

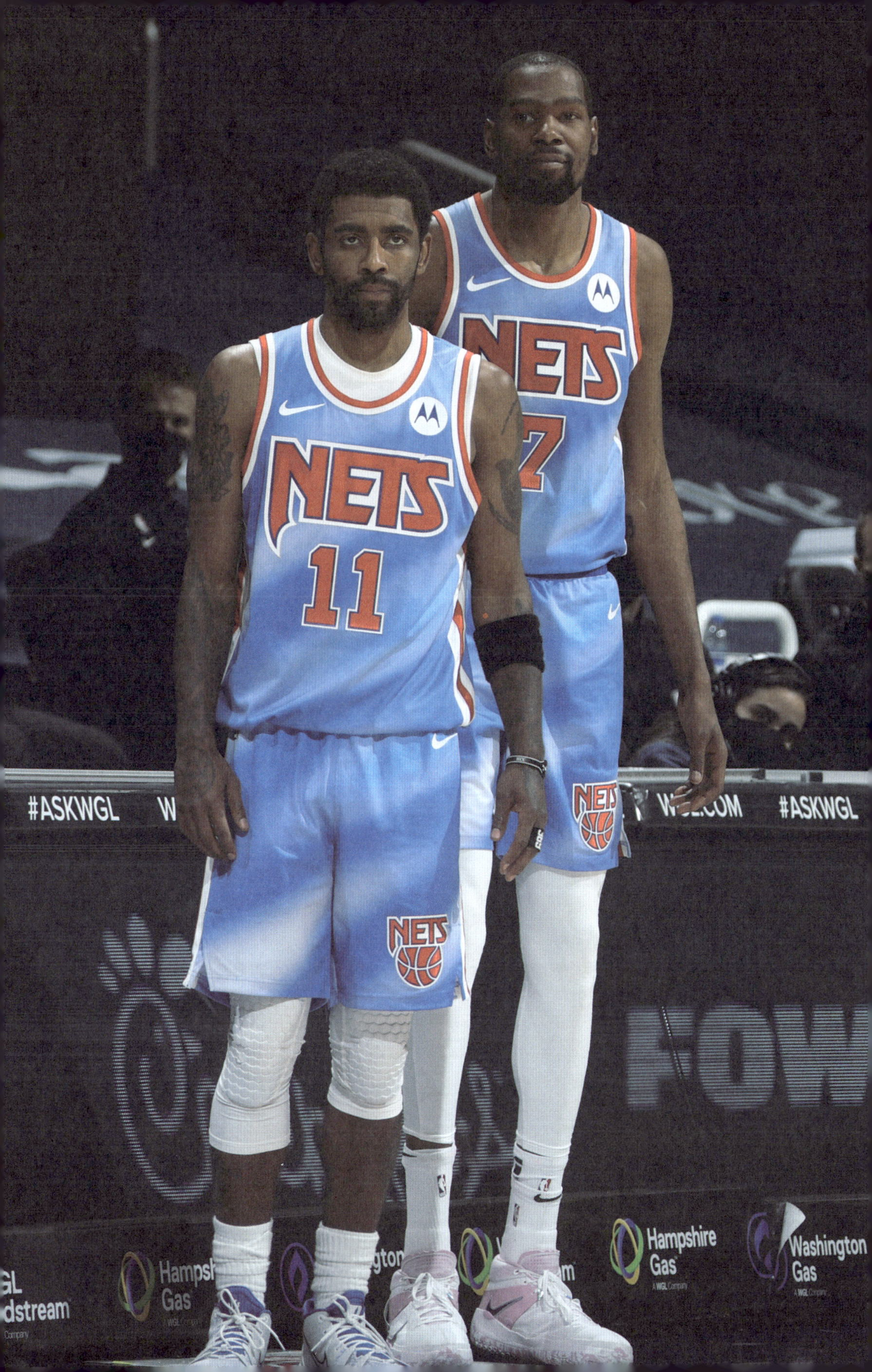
NETS
11
NETS
#ASKWGL
#ASKWGL
Hampshire Gas
Washington Gas

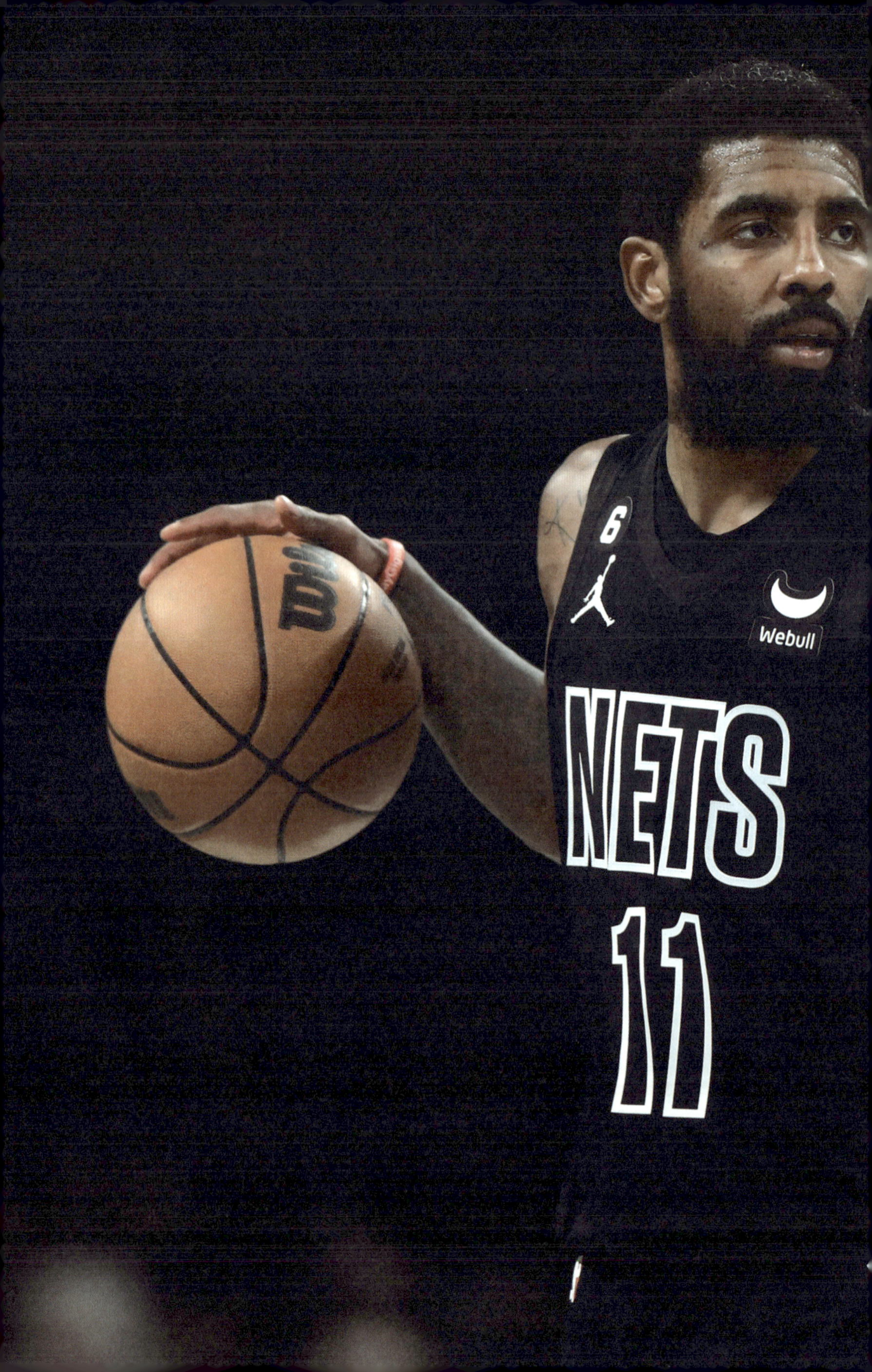
6
Webull
NETS
11

从 2019 年 7 月 7 日加盟篮网，到 2023 年 2 月 7 日被篮网交易到独行侠。欧文在布鲁克林的三个半赛季，经历过高峰低谷，回首再看，一切如梦似幻。

无论是"711 组合"，还是"篮网三巨头"，都没有取得与之匹配的成就，其结局令人唏嘘。而欧文在篮网受到太多场外因素的干扰，仅出战 143 场比赛，缺席达 135 场。

在欧文有限登场的比赛中，我们依旧能看到那澎湃凶猛的得分即战力，不乏高分、高效的"名场面"，但从 51.4%的出勤率来看，此时的欧文无法担当起球队基石的重任。

所以，篮网与欧文的续约未能圆满，只因双方立场不同，无关对错。其结局注定，各自安好，一别两宽。

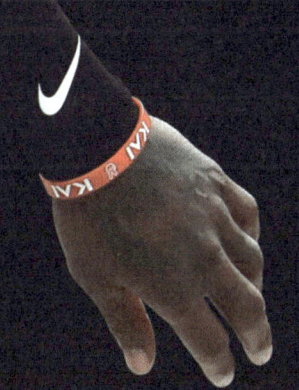

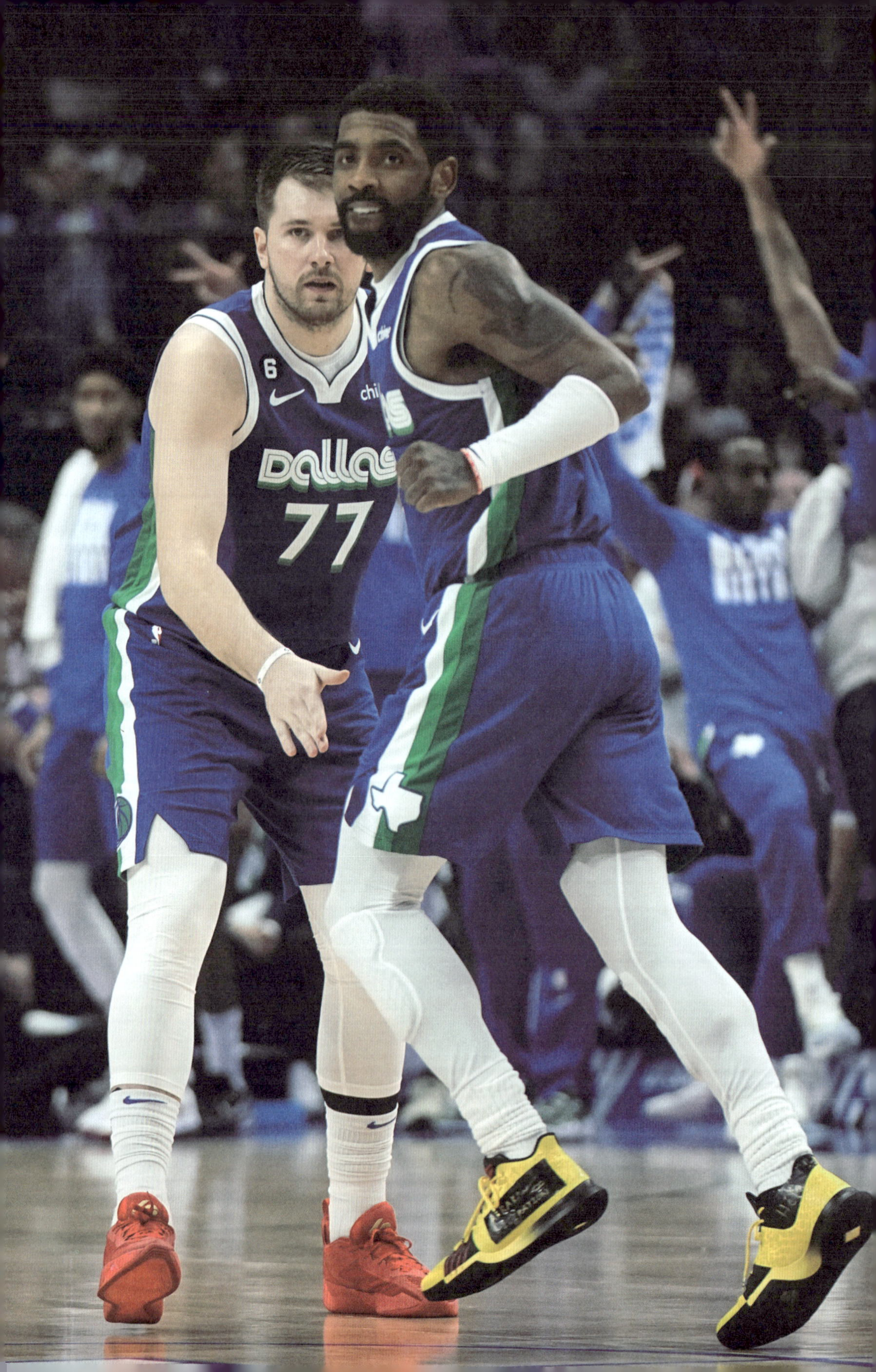
dallas
77

第十四章
西行之路

仙锋正传／凯里·欧文

仙锋正传　　　　　　　　　　　　　　　　　　　　凯 里·欧 文

01K 西行路漫漫
KYRIE IRVING

2023年2月6日，篮网与独行侠交易达成，欧文生涯首次踏入西部赛区。

当时几乎无人看好欧文的未来。因为曾深陷各种风波，欧文几乎跌至"风评"谷底。效力篮网三个半赛季仅交出51.4%的出勤率，这个统计也让那句"优点是打球好，缺点是不打球"的戏言变成了欧文身上的一个真实标签。当时，一个资深媒体甚至将独行侠以5换2从篮网换来欧文的这笔交易评为D级。

面对种种负面消息甚至内部的不赞同声音，独行侠老板马克·库班力排众议，坚决完成了关于欧文的这笔交易，因为他坚信能通过交易得到欧文是一个非常正确的决定。

为了表示诚意，库班还特别安排自己的私人飞机前往新泽西迎接欧文，并亲自现身达拉斯机场，与独行侠总经理迈克尔·芬利以及管理层成员一同等候欧文的到来。

面对如此隆重的迎接仪式，欧文备受感动。也许在那一瞬间，欧文已认定达拉斯不仅是自己的救赎之所，也是他戎马半生的归宿之地。正所谓：他与库班，士为知己。

西部狂野，突围不易。独行侠由卢卡·东契奇单核带队，急需一位比较全能的超级得分手来与东契奇形成强大的双核驱动，欧文正是他们寻找的人。

2023年2月9日，欧文迎来独行侠的首秀，在东契奇因伤缺阵的情况下，欧文独自率队在客场以110比104战胜快船。此役欧文重披2号球衣，小试牛刀，全场砍下24分，贡献4个篮板、5次助攻，并在首节68秒连得8分，展现出超强的得分爆发力。

2月14日，独行侠主场对阵森林狼。随着东契奇伤愈归来，他与欧文组成账面上火力十足的"东欧组合"，此战是二人联袂登场的主场首秀，因此备受瞩目。

此役，欧文得到36分、5个篮板和6次助攻，尤其在第四节12投11中，狂揽26分，本赛季第五次末节得分20+，创下该项统计的联盟纪录，堪称名副其实的"末节之王"。东契奇也不遑多让，贡献33分、12个篮板的豪华两双。

然而，即便"东欧组合"袭出"王炸"数据，依然难以挽回球队失利的结局。独行侠脆弱的防线还是抵御不住凶猛的群狼奔袭，以121比124不敌森林狼。

截止3月1日，在东契奇伤愈归来与欧文联袂出战的6场比赛，独行侠战绩仅为1

胜 5 负。一时间，"东契奇与欧文不兼容"的论调甚嚣尘上。东契奇习惯于慢节奏的半场进攻中拆解对手，而欧文擅长奇袭快攻，转换进攻能力为联盟顶级，二人一慢一快，节奏与球风相差较大，这些也成为某些人看衰"东欧组合"的依据。

篮球之道就在于动静之变、快慢相宜，东契奇与欧文其实是"天作之合"。

东契奇是联盟得分王兼持球大核心，指挥调度，进攻有据；欧文是末节杀手兼联盟单挑王，有无球能力兼备，杀伐犀利，一剑封喉。"东欧组合"只是缺少磨合，假以时日，其威力将无比强大，这一点会在将来被不断证实。

3月3日，独行侠以133比126险胜东部豪强76人。"东欧组合"终于联手率队打出一场漂亮的胜利。欧文22投15中，三分球8投6中，掠得40分。东契奇22投13中，三分球13投7中，轰下42分。"东欧组合"不仅双砍40+，还以64%的命中率合砍82分，其得分效率与产量都十分惊人，放眼古今，足以跻身NBA顶级二人组的行列。

可惜，在"东欧组合"渐入佳境之际，欧文却因为右脚伤病缺席了3场比赛。

仙锋正传　　　　　　　　　　　　　　　　凯　里　·　欧　文

3月18日，独行侠客场挑战湖人，欧文火线复出，轰下38分，率队击败"紫金军团"。随着季后赛残酷的冲击阶段的开启，独行侠在大交易后（防守阵容厚度的缺失以及磨合期阵痛）的缺点还是显露了出来，在虎狼环伺的西部征程中最终掉了队。

2023年4月8日，达拉斯独行侠在主场以112比115惜败于芝加哥公牛，彻底跌出附加赛区，也正式退出本赛季的季后赛席位争夺战。

2022/2023赛季战罢，独行侠取得38胜44负的寻常战绩，仅排在西部第11位。

欧文在代表独行侠出战的20场比赛中场均得到27分、5个篮板和6次助攻，投篮命中率也达到精英级的51%。此外，欧文还是名副其实的"末节之王"，在2022/2023赛季第四节场均砍下9.3分、5次得分20+，两项数据均高居联盟首位。

然而，欧文在末节的澎湃战力并未转化为球队的胜利，他与东契奇联袂登场16场比赛仅取胜5场，独行侠也在季后赛冲刺阶段表现低迷，从西部第6跌至西部第11。

这些残酷现实似乎昭示这支独行侠远未达到人们所期待的水准，"东欧组合"似乎也的确存在兼容问题，而此时更迫在眉睫的是，欧文的合同已经到期。

来到西部短短不到半个赛季，欧文已经感受到西部狂野，西行将路漫漫其修远。

第十四章／西行之路　　　　　　　　　　　　　　　　　　　Kyrie Irving

02 K 风云再起

KYRIE IRVING

虽然独行侠在 2022/2023 赛季最后阶段功亏一篑，无缘季后赛，虽然"东欧组合"备受质疑，但东契奇还是在赛季结束的第一时间对欧文表示认可："我希望能够与他继续搭档，虽然我们之间产生化学反应需要一个过程，但我坚信一定能做到。"

2023 年休赛期，因为欧文合同到期，所以关于他去哪儿的传闻不绝于耳。詹姆斯的湖人与杜兰特的太阳都成为潜在下家，但很快各种传闻就随着欧文签约戛然而止。

2023 年 7 月 1 日，在自由球员市场开启后第一时间，欧文便和独行侠达成了一份 3 年 1.26 亿美元的协议，其中合同第三年为球员选项。在当今天价合同满天飞的 NBA，作为正值当打之年且具备顶级即战力的欧文能与独行侠签下这份经济实惠型合同，其中饱含着他对于老板库班的一种感激之情，感谢对方能无条件信任和接纳自己。

如果参考同时期与火箭签订一份 3 年 1.3 亿美元合同（仅入选 1 届全明星）的弗雷特·范弗利特，就会深刻明白欧文这份合同具有多高的性价比。

欧文不仅荣耀满载，拥有 8 届全明星、全明星与世界杯双料 MVP 等头衔，他还是球风华丽的球场艺术家以及犀利敏锐的关键杀手，是球队胜利与票房的双重保障。

能够在第一时间续约欧文，库班非常高兴："他是这个星球上最出色的控卫，也是一位颇具胆识的大心脏先生和纯真善良的人，我很庆幸独行侠能够拥有他。"

2023 年 10 月 26 日，2023/2024 赛季揭幕战打响，独行侠在客场以 126 比 119 逆转险胜马刺。备受瞩目的新科"状元"文班亚马在末节爆发，独得 9 分，率领马刺一度反超比分。怎奈独行侠阵中有"末节之王"，欧文旋即连得 5 分，为球队稳住胜势。

此役，在新赛季重披 11 号战袍的欧文表现不俗，全场贡献 22 分、6 次助攻，东契奇收获 33 分、14 个篮板与 10 次助攻。"东欧组合"

203

仙锋正传

凯 里 · 欧 文

联袂率领独行侠赢得"开门红"。

值得一提的是，独行侠在 2023 年选秀大会通过与雷霆交易得到的首轮第 12 号新秀德里克·莱夫利表现惊艳，在篮下翻江倒海，8 投 7 中，贡献 16 分、10 个篮板，成为近 40 年 NBA 第一位在首秀中以 80% 命中率得到 15+10 的新秀，隐约有当年"拳王"泰森·钱德勒"达拉斯禁区守护神"之风采。

独行侠的强势表现一直延续到了 11 月中旬。11 月 13 日，独行侠以 136 比 124 击败鹈鹕，欧文全场 20 投 13 中，砍下 35 分。至此，独行侠在 2023/2024 赛开启的前 10 场比赛中豪取 8 胜 2 负，打出了自 2007/2008 赛季以来的最佳战绩。

2023 年 11 月 29 日，季中赛小组赛收官战，独行侠坐镇主场以 121 比 115 击败火箭。东契奇豪取 41 分、9 个篮板、9 次助攻，欧文也有 27 分、5 次助攻入账。在末节，"东欧组合"都完成了"自投自抢"的即兴得分，将非凡的创造力展现得淋漓尽致。

独行侠凭借"东欧组合"两张王牌的超强得分能力，在本赛季打到关键时刻的 9 场比赛中取得 8 胜 1 负的辉煌战果，如此强悍的决胜能力几乎冠绝联盟。

虽然独行侠在 NBA 首届季中赛的征程中并未走远，以 2 胜 2 负的战绩止步于小组赛，但"东欧组合"率领这支达拉斯球队还是在新赛季迸发出焕然一新的战斗力。

进入 12 月份，欧文因右脚后跟挫伤缺席了近一个月。2024 新年伊始，他在 1 月 2 日对阵爵士的比赛伤愈归阵，并经过一场适应之后，旋即开启了"陆地神仙"模式。

从 2024 年 1 月 4 日到 1 月 16 日，欧文在 7 场比赛中场均狂轰 34.3 分，还有 7.1 个

篮板、6 次助攻、2 次抢断入账，率队拿到 5 场胜利。尤其在（东契奇因伤缺阵）1 月 12 日对阵尼克斯的比赛中，欧文表现堪称完美。他单核带队开启个人得分模式，狂揽加盟独行侠以来个人新高的 44 分，还送出 10 次助攻，并在最后 27 秒助攻约什·格林完成致命一击。最终，欧文率队以 128 比 124 击败布伦森领衔的尼克斯，终结对手 5 连胜。

此役，欧文也凭借无与伦比的个人表现力压砍下 30 分的布伦森，率队取胜的同时，亲手粉碎了"独行侠送走布伦森，迎来欧文，是一个错误决定"的流言。

1 月 16 日，独行侠在主场以 125 比 120 击败鹈鹕，东契奇依旧缺阵，欧文在第三节轰下 15 分，末节再得 9 分，全场砍下 42 分，还贡献了 7 个篮板、7 次助攻。

然而，欧文这波强势之旅却在 1 月 23 日被摁下暂停键，他在面对"老东家"凯尔特人的比赛中，扭伤了右手拇指，因此连续缺席了 6 场比赛。

"东欧组合"，得其一者便可纵横天下。随着欧文伤退，东契奇担下单核率队重任，火力全开，对阵老鹰轰下 73 分，这也是继张伯伦 100 分与科比 81 分之后 NBA 历史的单场第三高分。即便在这个数据爆炸的时代，东契奇还是凭借单场 73 分的壮举力压恩比德的 70 分、米切尔与利拉德的 71 分，成为现役单场得分的"天花板"。

仙锋正传

03 K
一勾解兵锋

2024年2月6日，独行侠在客场以118比102轻取76人，伤愈复出的欧文牛刀小试，砍下23分，并用8次助攻盘活全队（6人得分上双）。

2月初，独行侠积极补强，他们在交易截止日前完成两笔"压哨"交易。从黄蜂交易得到P.J.华盛顿（场均能贡献17分、5个篮板的全能型侧翼锋线），从奇才交易得到丹尼尔·加福德（场均能贡献11分、8个篮板和2.2个盖帽的机动型内线），而独行侠为此只失去了格兰特·威廉姆斯、塞斯·库里等一些日趋边缘化的球员以及一些无关紧要的未来选秀权。

引进华盛顿与加福德的两笔交易堪称独行侠的"神来之笔"，两位悍将的加盟大大提升了独行侠的攻守水准，尤其让达拉斯防线不再孱弱。"东欧组合"治下的独行侠进攻天赋超然，最大的软肋便是防守，完成阵容升级的独行侠将防守提升到一个新境界之后，便势不可挡，先后将76人、尼克斯、雷霆、太阳等强队斩于马下，以一波七连胜吹响了向季后赛冲锋的号角。然而，独行侠还在全明星赛之后的一段赛程中陷入困境，进入2胜5负的低迷期，排名瞬间下滑到西区第8。

独行侠似乎要重蹈覆辙（上个赛季最后阶段跌出附加赛区），"东欧组合"在危难之际强势出击，联袂率领独行侠取得了一波16胜2负的骄人战绩。

2024年3月18日，独行侠坐镇主场迎来上届冠军掘金，面对约基奇率领强大的"丹佛军团"前来叩关，"东欧组合"联手率队打响激烈的"达拉斯保卫战"。

此战双方鏖战到最后2.8秒，比分为105平，独行侠边线发球。欧文接球后突破至罚球线附近，面对约基奇的贴身防守竟然用一记匪夷所思的左手勾手投篮，压哨命中。凭借欧文的最后一杀，独行侠以107比105险胜掘金，终结了对手的5连胜。

值得一提的是，欧文从3月12日便进入斋月期，而今年的欧文似乎没有像以往那

样受到禁食困扰而表现低迷，反而打出惊艳表现。其原因就在于独行侠特别为斋月期的欧文配备了专属厨师，以便让他能在可以进食时第一时间吃到可口的素餐。

2024年4月6日，欧文取得26分、8个篮板和7次助攻的全面数据，在东契奇缺阵的情况下，单核率领独行侠在主场以108比106险胜库里领衔的勇士。

4月8日，欧文狂砍48分，并且在第四节和加时赛独揽25分，率领独行侠完成22分的惊天逆转，通过加时赛鏖战以147比136击落火箭，一举终结了对手的11连胜。

4月9日，欧文被评为西部周最佳球员，首次获此殊荣的欧文在这周以52.4%超高命中率场均袭下31.8分，并率领独行侠取得3胜1负的优异战绩。

2023/2024赛季战罢，独行侠以50胜32负排名西部第五，直通季后赛。

欧文在本赛季场均贡献25.6分、5个篮板和5.2次助攻，投篮命中率为49.7%，三分球命中率高达41.1%，表现可圈可点。更重要的是，度过磨合期的"东欧组合"日趋默契，而独行侠如今也猛将如云、攻守兼备，其兵锋所向，直指季后赛，甚至总冠军。

207

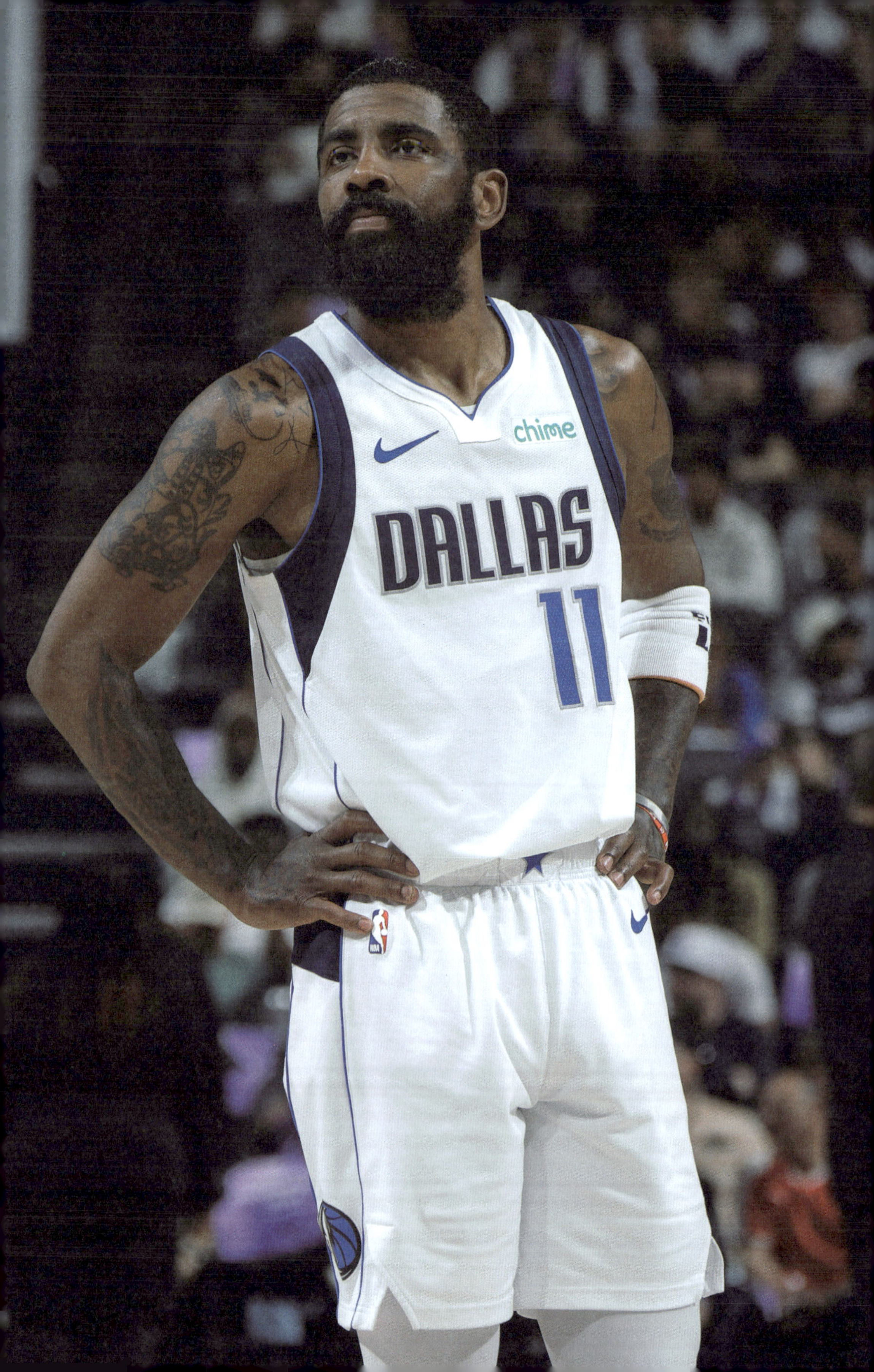
chime
DALLAS
11

第十五章
巅峰侠影

仙锋正传 / 凯里·欧文

仙锋正传　　　　　　　　　　　　凯　里 · 欧　文

01 怒海沉船

KYRIE IRVING

2024年4月，季后赛战火重燃。独行侠远赴洛杉矶挑战快船。两支"冤家"球队在近5年来第3次季后赛碰面，欧文将遇到"故人"哈登，人生何处不相逢。

自2022年2月"篮网三巨头"解体之后，欧文、杜兰特与哈登兜兜转转，最终都来到西部联盟，而此时，欧文与哈登又以对手的身份兵戎相见，让人不胜唏嘘。

2024年4月22日，季后赛首轮第一场。虽然伦纳德因伤缺阵，但快船在哈登率领下火力全开，上半场便领先26分。易边再战，纵然欧文在第三节8投全中，独揽20分，成为NBA季后赛首位单节得分20+且没有投失的球员，却也无法力挽狂澜。最终，独行侠以97比109不敌快船，"东欧组合"合砍64分，但鲜少得到其他队友的支持。

4月24日，独行侠在季后赛的二番战做出调整，鉴于哈登首战无法阻挡，独行侠便派重兵严防哈登，并由欧文亲自主防。这一变化不仅有效限制住哈登持续高能的输出，还释放出东契奇在进攻端的威力，后者得到32分、9次助攻，欧文也有23分进账。最终，"东欧组合"率领独行侠以96比93险胜快船，将总比分扳成1比1平。

伦纳德在此战复出，带伤上阵只得15分，哈登贡献22分、8次助攻，但没有打出首场"火箭登"威力，乔大将军只是正常输出22分，显然无力回天。

4月27日，"船侠对决"第三战在达拉斯打响。此役东契奇、欧文与哈登、乔治、伦纳德、威少，六大巨星同场竞技，但并没有打出势均力敌的对攻大战。

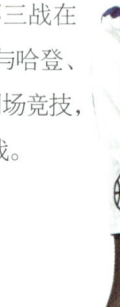

210

回到主场的独行侠化繁为简，祭出简单却有效的"王炸双打"战术，由"东欧组合"轮流单打，其余球员全力防守。此时的独行侠阵中不乏莱夫利、加福德、小琼斯等能跑善跳的运动达人，编织出天罗地网，把达拉斯的禁区变成"禁飞区"。

"王炸双打"基本上是东契奇主打上半场，欧文主打下半场，偶尔也会出奇制胜，由欧文率先在开场便发起冲锋。这种战术也成为独行侠在此届季后赛的常规套路。

"东欧组合"就是独行侠的进攻强点，这种"王炸双打"（脱胎于骑士时期"詹欧组合"的"双核驱动"与费城艾弗森巅峰时代的"外投内抢"）战术，将东契奇与欧文两大超级得分手的特质淋漓展现。东契奇如屠龙刀般大开大合，豪取22分、10个篮板、9次助攻准三双，率队赢得基本盘，等他攻击乏术之时，身边又出现了欧文。

虽然因犯规困扰在上半场仅得2分，但那位如倚天剑迅疾锋锐的欧文还是在下半场如约而至，第三节瞬息间就砍下8分，第四节得到11分。欧文在下半场得到（全场21分）19分，并接连命中高难度进球收割胜利，最终独行侠以101比90轻取快船。

4月29日，"船侠"第四战依旧在达拉斯打响。快船在伦纳德因伤缺阵的逆境下反客为主，"大将军"乔治首节便袭下16分，上半场独砍26分。哈登也接连命中三分，并且盘活全队，快船在第二节一度领先到31分。眼看独行侠大势已去，欧文再入"陆地神仙境"，连得12分并频频助攻队友，为球队稳住了阵脚。

211

下半场，欧文保持澎湃火力的同时，小琼斯宛如神兵天降，东契奇也传射有度，独行侠在第四节一度反超比分。但快船还是凭借末节哈登连续抛投命中，以116比111赢得比赛，两队总比分以2比2战平，下一战"天王山"。

此役欧文25投14中，命中6记三分球，砍下40分外加7个篮板和5次助攻，并在危急时刻上演单骑救主、气贯长虹的得分盛宴，如果独行侠能完成31分大逆转击败快船，那么欧文此战必将载入NBA史册，可惜他遇到了"登峰造极"的哈登。

哈登在此战17投12中，三分球5投4中，豪取33分、6个篮板、7次助攻。

欧文与哈登，昔日"篮网三巨头"中的两位作为对手联袂奉献至高盛宴，不禁让人感叹，2021年"三巨头"治下的篮网，如果没有受到伤病困扰，能够呈现何等震撼的进攻。

5月2日，独行侠与快船转战洛杉矶。"天王山之战"波澜不惊，独行侠以123比93大胜快船。欧文虽然只有14分进账，但用6次助攻盘活全队，其正负值达到全场最高的+35。东契奇豪取35分、10次助攻，"东欧组合"率领独行侠火力全开。反观快船因"双星"低迷（哈登12投仅2中，乔治13投仅4中），无奈在主场遭遇一场大败。

独行侠重回达拉斯，在5月4日与快船展开第六场较量。

前五场战罢，独行侠以3比2领先快船，已经拿到赛点的同时，也来到了"欧文的斩杀线"。此前，欧文在12场"赛点战"保持全胜，此战自然也不例外。

虽然欧文在上半场拖刀掩杀，仅得2分，但到了下半场他的"飙分时段"，那个无所不能的欧文还是如期而至。第三节，他砍下13分；末节决胜，欧文再得15分，终场前5分38秒，随着他单挑塔克在底角命中高难度的3+1，也终结了这轮系列赛的悬念。

欧文在下半场独揽28分，创造个人季后赛半场得分新高，与东契奇联手率领独行侠以114比101击败快船，以总比分4比2淘汰对手，晋级西部半决赛。

经此一战之后，欧文将"斩杀线"的纪录延长到13胜0负。

2024年5月上旬，季后赛首轮硝烟散尽，随着湖人、太阳在首轮折戟以及勇士无缘季后赛，一个属于"詹杜库"的时代似乎已经走远，新老交替呈现出最彻底的变革。

接下来半决赛的舞台上不仅没有了詹姆斯、杜兰特、库里与哈登这些"80后"巨星，就连中生代巨星（17000分+先生）中也只剩欧文一人苦苦支撑。

32岁的欧文已经颇具大局观与领袖气质，他那份收放自如的无解进攻能力足以令联盟诸强谈之色变，"东欧组合"也随着比赛深入而日渐默契。

华丽蜕变

KYRIE IRVING

2024年季后赛首轮与快船鏖战六场，欧文场均得到26.5分、5.7个篮板、4.7次助攻和1.8次抢断，在下半场能以60%命中率场均轰下20分，不愧为"关键先生"。

西部半决赛，独行侠将面对"新三少"（谢伊·吉尔杰斯-亚历山大、切特·霍姆格伦和杰伦·威廉姆斯）领衔的雷霆，这支平均年龄只有23.9岁的"俄克拉荷马青年军"是NBA最年轻的球队，却在"SGA"亚历山大的率领下豪取常规赛西部第一的57胜，并在季后赛首轮以4比0横扫鹈鹕，可谓气势如虹。

欧文在西部半决赛一度出手寥寥，甚至在第二场只得到9分，但他用传球盘活全队，在此战送出季后赛个人新高的11次助攻。在他的精心梳理下，独行侠在进攻端全体爆发，尤其是P.J.华盛顿命中7记三分球，轰下29分，成为球队获胜的奇兵。

欧文拥有无差别的单打破冰之力，却能隐忍不发，就像悬在对手命门的一把快刀。这就是欧文的成熟与高明之处，他是独行侠的"大脑"，掌控全队进攻态势与节奏。

西部半决赛前两场战罢，双方打成1比1平，第三场转战达拉斯。

东契奇因膝伤困扰状态不佳，独行侠在主场仅保持微弱领先，雷霆在"攻筐大魔王"亚历山大率领下反扑凶猛，在最后时刻将分差迫近到3分（99比102）。

危急时刻，欧文持球在三分线外面对杰伦·威廉姆斯的撕咬型防守，通过连续运球晃出空间，沿中路突至罚球线内半步。在前有切特张开长臂布下"天罗"，后有杰伦如

213

仙锋正传　　　　　　　　　　　　　　　　　　凯　里 · 欧　文

影相随设下"地网"的瞬息之际，欧文轻舒猿臂，用左手轻盈一抛，皮球像被赋予仙术般颠簸入网。欧文在最后39秒命中这粒"神仙球"，将比分改写为104比99，为独行侠锁定胜局。而这粒非投篮惯用手投篮颇有那记对阵掘金时"勾手绝杀"的神韵。

此役，欧文全场17投10中，虽然"仅得"22分，贡献5个篮板、7次助攻，却足以率领独行侠以105比101战胜雷霆。而欧文拥有在下半场与决胜时刻无解的得分能力，也成为独行侠直面对手时最"杀人诛心"的利器。

值得一提的是，东契奇因膝伤状态不佳时没有勉强出手，而是化身防守肉盾与篮板蓝领，全场抢到15个篮板，并且一次次被撞倒再爬起，全然不顾重伤危险，令人动容。

独行侠与雷霆在接下来的两场比赛中旗鼓相当，各胜一场。亚历山大在第四战的进攻端予取予求，独砍34分，东契奇在第五战豪取31分、10个篮板和11次助攻的大三双，都成为各自球队获胜的关键。欧文在这两场的进攻端陷入低迷，9分、12分，连续两场得分未能超过20分，实属罕见。

5月19日，西部决赛第六战在达拉斯打响，好消息是前五战过后，独行侠以3比2领先雷霆，又到了欧文的"斩杀线"。

果然，站在"斩杀线"上的欧文无法阻挡，他在上半场仅得4分，在下半场又化身无解的得分"大杀器"，独得18分，成为独行侠完成17分大逆转的关键。第四节，亚历山大频频进攻得手，又是欧文命中两记关键三分球予以回应。独行侠在主场以117比116险胜雷霆，总比分4比2淘汰对手，挺进西部决赛。

P.J.华盛顿在最后时刻犯规（让对手一罚一掷）险些酿成大错，被雷霆借机以116比115反超比分，好在他随后在三分线外造成亚历山大防守犯规，三罚两中，完成罚球绝杀，力助独行侠以1分险胜。虽然雷霆对于亚

历山大被吹犯规耿耿于怀，但他们清楚，如果不犯规，那么欧文在篮下补篮得手，依旧难逃一败。自此，欧文延续了晋级战（手握赛点的比赛）14 胜 0 负的不败神话，独行侠（常规赛战绩西部第 5）也延续着"下克上"的神奇之旅，分别淘汰快船（西部第 4）、雷霆（西部第 1），已成为西部炙手可热的一匹"黑马"。

欧文与东契奇首次联手出征季后赛，便率领独行侠杀入西部决赛。欧文在季后赛的征程中蜕变为一名真正的领袖，他鼓励因罚球命中率过低而被对手"砍罚"的莱夫利不要逃避，令后者战胜罚球不进的心魔；他乐于分享球权让队友打开得分账户，才有了P.J. 华盛顿、小琼斯、莱夫利们梅花间竹的异军突起；他还成为东契奇的导师与后盾，让后者不再成为一名大包大揽的孤独得分王，而是成为一名能掌控比赛的胜利者。

"东欧组合"在季后赛打出教科书般的默契。此时的欧文经过蜕变展现出前所未有的成熟和智慧，他不仅是一位华丽的得分手，更是一位能号令群雄的全能领袖。

仙锋正传　　　　　　　　　　　　　　　　　凯　里·欧　文

03 西北射天狼

KYRIE IRVING

2024年5月20日，随着森林狼"抢七"逆转击败上届冠军掘金，东西部决赛的四强出炉。东部决赛是凯尔特人对决步行者，西部决赛是独行侠挑战森林狼。这意味着，东西决赛不仅没有我们熟悉的"詹杜库"，就连现役常规赛MVP也一位都没有，近12年曾夺冠的传统豪强全部覆灭。不破不立，在2024年6月必将有一位新王加冕。

森林狼在2024年季后赛可谓风头正劲，他们在首轮横扫由杜兰特、布克与比尔领衔的太阳，又在西部半决赛经过七场大战淘汰上届冠军掘金，"新狼王"爱德华兹意气风发，面对接下来西部决赛的对手独行侠，磨刀霍霍，并在决战之前公开喊话："我将与欧文1V1对位，我会用强硬防守来限制住他。"

面对后起之秀爱德华兹的咄咄逼人，欧文选择言语沉默，而在赛场上用行动回击。

2024年5月23日，"东欧组合"率"达拉斯铁骑"开拔至西部赛区的明尼阿波利斯，西部决赛首战在标靶中心打响。欧文一反常态，在首节就入"陆地神仙境"，9投6中，轰下13分。上半场结束时，欧文更以14投11中轰下24分。面对爱德华兹的贴身单防，欧文5投4中，轻描淡写间便击碎了"新狼王"的赛前豪言。

此役，森林狼异常神准，飙中18记三分球，但他们的核心"双状元组合"仅合砍35分（爱德华兹19分，唐斯16分），不足与"东欧组合"的"王炸"火力相抗衡。

东契奇在末节独砍15分，全场得到33分，贡献8次助攻。欧文终场前7秒两罚全中，率队取胜的同时，个人得分达到30分，还贡献了5个篮板、4次助攻。"东欧组合"合砍63分，率领独行侠

216

以 108 比 105 险胜森林狼，赢得西部决赛的"开门红"。

"东欧组合"，一位是得分如麻的新科得分王，一位是进攻如万花筒般的关键先生，并且他们都拥有联盟顶级的传球视野与技巧，让森林狼在防守他们时进退维谷。对手包夹"东欧组合"时，他们会瞬间化身为"做饼大师"，传球给队友，空接成为球队的得分利器。对手如果不包夹"东欧组合"，他们凭借出色的单打，得分如探囊取物……面对如此的独行侠，森林狼引以为傲的魔鬼防线也荡然无存。

5 月 25 日，西部决赛第二战。森林狼挟主场之利大举进攻，一度领先独行侠 18 分，但到了关键的下半场还是"群狼无首"，没有人能站出来对飙"东欧组合"。

东契奇主打前三节，欧文在第四节神仙归位。"东欧组合"能够完美无缺地交替发威，亦如机器般精密无差，是建立在强大的个人能力以及基德教练的战术布局之上的。

欧文在第四节命中 4 记三分球，独砍 13 分。包括在终场前 1 分 05 秒在底角命中一记价值连城的三分球，将分差缩小到 2 分（106 比 108）。接下来，东契奇持球在弧顶三分线运球晃过戈贝尔，张弓搭箭，在最后 3 秒命中一记准绝杀三分球，将比分定格在 109 比 108。独行侠凭借此球以 1 分险胜森林狼，将总比分改写为 2 比 0。

此役，东契奇拖着受伤的双膝轰下 32 分、10 个篮板、13 次助攻的大三双，欧文在闲庭信步间掠下 20 分、6 次助攻，"东欧组合"在有了默契之后开始显现出统治力。

独行侠在客场连胜两场，赢得森林狼毫无脾气，究其原因，还是彼此阵中主将的实力差距。季后赛高端局比拼的就是双方核心的实力，森林狼"双状元组合"爱德华兹与唐斯因为经验不足，面对季后赛级别的严防时，还是会迟迟打不开得分账户。

04 K

东欧傲西巅

KYRIE IRVING

5月27日，西部决赛第三战如期打响。回到达拉斯美航中心的独行侠却遇到前所未有的挑战。首先，莱夫利的（头部撞到唐斯的膝盖而导致颈部受伤）意外伤退给森林狼一丝机会，嗅到血腥的狼群在"新狼王"爱德华兹的率领下疯狂反扑，在第四节与独行侠呈现犬牙交错的对攻态势，然而好景不长，因为独行侠里有"仙、魔"。

"魔法师"东契奇在攻防两端掌控节奏，一招一式充满魔法，率队压制住狼群的反击，"神仙"在末节从不缺席，欧文率先连得7分，第四节独得14分，并在最后时段迎着森林狼"双状元组合"的夹防，后撤步跳投命中，一举"杀死"比赛。

此役，欧文与东契奇各砍33分，合砍66分，在独行侠痛失"内线大闸"莱夫利的逆境下，依旧率队以116比107战胜森林狼，总比分以3比0领先，并拿到赛点。

森林狼痛失第三战，也失去西决取胜的最后机会，因为NBA史上还没有一支球队在西决中0比3落后时翻盘，爱德华兹在赛后说连扳4场淘汰独行侠只能算是自我打气。

森林狼命悬一线，爱德华兹怅然若失，虽然华子用一记势若奔雷的隔扣加福德来技惊四座，但22岁的他还没有具备顶级超巨那种随心所欲的掌控比赛的能力……

5月29日，欧文在西部决赛第四场罕见出现手感不佳，三分球6投仅1中，只得到

第十五章／巅峰侠影　　　　　　　　　　　　　　　　　　　　Kyrie Irving

16 分。森林狼"双状元组合"终于打出应有的水准（唐斯 29 分、爱德华兹 25 分），合砍 54 分，率领森林狼以 105 比 100 战胜独行侠，终于在达拉斯扳回一场胜利。

5 月 31 日，西部决赛第五场回到明尼阿波利斯，重回主场的森林狼没有延续第四战的"胜利"状态，或者说强大的独行侠没有再给森林狼任何机会，半场就领先 29 分。

最终，独行侠以 124 比 103 大胜森林狼，总比分以 4 比 1 淘汰对手，挺进总决赛。

此战，"东欧组合"呈现出教科书般的"双核驱动"，东契奇首节就袭下 20 分，第二节欧文又独砍 15 分。半场战罢，69 比 40，独行侠领先森林狼 29 分。

值得一提的是，随着季后赛不断磨合与进步，欧文与东契奇已由"王炸双打"模式蜕变为"双核驱动"，他们不仅保持着彼此单打时的得分效率与产量，还可以分别作为核心驱动队友得分，在他们那妙到毫巅的传球驱动下，莱夫利、小琼斯与加福德们都化身为空接狂魔，达拉斯也继 CP3 时期洛杉矶之后成为第二座"空接之城"。

此役，东契奇豪取 36 分、10 个篮板，欧文不遑多让，也砍下 36 分，并送出 5 次助攻。

"东欧组合"成为同砍 30+ 并率队赢下晋级战的第三对组合。此前两对分别是"OK 组合"奥尼尔 & 科比（2002 年）以及"詹欧组合"詹姆斯 & 欧文（2016 年）。此外，"东欧组合"竟然在单轮系列赛（5 场西部决赛）中 3 场同砍 30+，火力之猛，世所罕见。

独行侠淘汰森林狼之后，夺得西部冠军。在颁奖典礼上，当主持人准备宣布西部决赛 MVP 的归属时，镜头中的欧文竟然一遍遍满心真诚地喊着"卢卡、卢卡"。当看着卢卡·东契奇捧起西部决赛 MVP 奖杯时，欧文的脸上写满了由衷的欣慰。

当 32 岁的欧文遇到 25 岁的东契奇时，也许不是欧文巅峰的年纪，却是他最好的时光，那种阅尽千帆之后的淡定与从容，是巅峰之后的成熟与自信。

欧文与东契奇亦师亦友，宛如当年 32 岁的詹姆斯遇到 24 岁的欧文，一切相遇都是上天最好的安排。

219

北岸迷踪

KYRIE IRVING

当独行侠兵不血刃以 4 比 1 淘汰森林狼挺进总决赛之时，东部的对手早已严阵以待。凯尔特人在东部决赛以 4 比 0 横扫步行者，因此有了更充裕的休息时间。

达拉斯独行侠与波士顿凯尔特人在 2024 年总决赛的舞台上巅峰对决，也是"东欧组合"与"双探花组合"的直面较量。而对于欧文而言，意味着更多……

正是由于欧文的存在，这届总决赛便有了许多尖锐的话题与恩怨。

关于欧文与凯尔特人的恩怨，大家耳熟能详的是他在"绿衫"效力的那几年，作为一名尚待证明自己的领袖，遇到一群处在成长期的年轻人，在没有找到合适的战术体系让彼此兼容的情况下，最终分道扬镳，这只是表象，在表象背后还涌动着许多暗流。

那时候，欧文的特立独行与凯尔特人循规蹈矩的老派风格似乎并不合拍。尤其在欧文离队之后，遭到一些"绿衫"球迷的敌视与反对。当欧文代表篮网在 2021 年季后赛首轮第四场重回北岸花园广场，在针对自己的巨大嘘声中打完全场之后，一时冲动做出了脚踩凯尔特人球场 LOGO 的行为，"绿衫"球迷因此对欧文的敌意达到了顶点。

关于欧文与凯尔特人的恩怨，其实早在 1988 年就埋下了伏笔。那一年，一位叫德雷德里克·欧文的天才球员试训时被凯尔特人淘汰从而梦碎 NBA。多年以后，当他把这段失败的经历告诉爱子时，这个小男孩便萌生去打 NBA 完成父亲未竟事业的理想，从那一刻，命运的齿轮开始启动，而那个小男孩就是——凯里·欧文……

2024 年 6 月 7 日，总决赛首战在波士顿的北岸花园球馆打响。欧文在"老东家"的地盘上开启了自己的第四次总决赛之旅。故地重游，迎接欧文的满场嘘声更胜往昔。

的确，北岸花园广场从不嘘无名之辈，而欧文受到狂嘘的分贝声几乎要冲破顶格。

欧文在北岸花园广场巨大的声浪与诋毁声中还是迷失了自己，全场 19 投仅 6 中，三分球 5 投不中，只得到 12 分，还有 3 个篮板、2 次助攻和 2 次抢断，聊胜于无。

欧文迷失了自己，东契奇孤掌难鸣，独行侠在客场以 89 比 107 不敌凯尔特人。

2024 年 6 月 10 日，总决赛第二战依旧在北岸花园球馆打响。与第一战殊途同归，"达拉斯军团"依旧无法冲破"绿衫军团"钢铁防线，只不过独行侠这一战输得更显悲壮，

以 98 比 105 不敌凯尔特人，与胜利只有一步之遥。

东契奇取 32 分、11 个篮板、11 次助攻的豪华大三双，倾其所有，直到他打完最后一颗子弹时，还没有发现身边那熟悉无比的"神仙降临"。此役，欧文手感略有回暖，18 投 7 中，贡献 16 分、6 次助攻，但这样的表现不足以率领独行侠在北岸花园取得胜利，并且相比于对面豪取 26 分和 11 个篮板的霍勒迪，还是稍显沉寂。

独行侠对阵凯尔特人，是"达拉斯军团"在本届季后赛遭遇实力最为悬殊的对决，"东欧组合"如果不双双爆发，很难率队再次完成"下克上"。

总决赛前两场，欧文在北岸花园球馆合计 37 投 13 中，三分球 8 投 0 中，异常罕见地出现连续两场低迷。自此，欧文也尴尬地收获"逢凯尔特人十二连败"纪录。

的确，凯尔特人拥有两位最佳防守二阵（霍勒迪＋怀特）的外线悍将，内有"波神"镇守，加上"双探花组合"的严密协防，给欧文设置天罗地网，但以"神仙"硬解能力，不应如此低迷，难道是因为"心魔"作祟？

对于"心魔"一说，欧文不以为然："这就是篮球，我已经习惯了这样的嘘声，很多球都砸中篮筐边缘，只是欠缺运气，我必须在进攻端表现得更好。"

虽然欧文没有解释低迷的具体原因，但从蛛丝马迹中还是能看出端倪。总决赛期间，在独行侠下榻的宾馆周围聚集了大批凯尔特人球迷，通宵达旦制造各种噪声（其中不乏诋毁欧文的言语），打扰得欧文彻夜难眠，也影响到他在场上的表现。

总决赛第三场，转战达拉斯。也许，回家后的欧文首先需要的是睡个好觉。

巅峰侠隐

KYRIE IRVING

2024年6月13日，总决赛第三战在达拉斯的美航中心打响。

一个睡眠充足的欧文果然不同凡响，他在上半场就14投8中，三分球5投4中，掠下20分。全场他28投13中，轰下全场最高的35分，35分也追平独行侠队史总决赛单场得分纪录。然而，在欧文找到状态的情况下，依然无法率领独行侠赢得比赛。

东契奇拼得膝盖渗血，27投11中，得到27分、6次助攻，并且在决胜时刻遭遇6次犯规下场，作为核心的他只能在场下目睹球队的失利。东契奇带伤上阵虽然勇气可嘉，但因伤导致进攻效率过低（三分球7投1中），如此结局颇为悲壮。

"东欧组合"合砍62分，但对面的"双探花组合"（塔图姆31分，布朗30分）也合计得到61分，双方核心二人组几乎形成"兑子"。但独行侠在进攻端仿佛只有"东欧组合"，其余球员合计只得37分，而且在前三节毫无建树。P.J.华盛顿、小琼斯、莱夫利、加福德们在2024年季后赛一路成长，打到原不属于他们的高度（总决赛），这些年轻才俊们还没有经过大赛洗礼，所以在总决赛无法再打出之前那种雪中送炭的表现。

总决赛第三场战罢，虽然独行侠在主场以99比106惜败于凯尔特人（总比分以0比3落后），但在第四节打出的绝境大反击还是让独行侠球迷豪情顿生：如此狂野的"达拉斯军团"以0比3落后又如何？去完成"连扳四场夺冠"的空前壮举，毕竟上一次以1比3逆境下完成总决赛史上最大逆转的关键人物欧文，就在阵中。

回看那惊心动魄的第四节，独行侠在落后21分时向死而生，打出一波22比2的攻

第十五章／巅峰侠影　　　　　　　　　　　　　　　　　　　　　　　　Kyrie Irving

击波，并在最后 5 分钟时将比分追近到只差 3 分（90 比 93）。然而东契奇在最后 4 分 12 秒遭遇 6 规离场成为拐点，欧文独木难支，一场总决赛史上的最大逆转就此戛然。

6 月 15 日，总决赛第四战依旧在达拉斯打响，背临悬崖的独行侠倾其所有，依旧延续了上一场第四节绝境大反击的火热状态，打出气贯长虹的立体进攻。

此役，独行侠火力全开，东契奇得到 29 分、5 次助攻，小哈达威砍下 15 分，莱夫利贡献 11 分、12 个篮板的两双。在队友全面开花的顺境中，欧文打得比较轻松，拿到 21 分、4 个篮板、6 次助攻，率领独行侠以 122 比 84 击败凯尔特人，以一场 38 分的大胜不仅捍卫了主场，还一举将（欧文率队逢凯尔特人）13 连败纪录击得粉碎。

虽然，独行侠在第四场赢得 38 分，创总决赛史上第三大分差纪录。但篮球比赛没有算净胜球的规则，即便多赢 38 分，依旧只是赢得一场胜利。对于实力强大的凯尔特人而言，这些并不能动摇他们回到主场赢得第五场并夺冠的信心。

独行侠与凯尔特人转战波士顿，总决赛第五战在 2024 年 6 月 18 日如期打响。

重回北岸花园球馆的欧文，依旧在山呼海啸的嘘声之中陷入低迷，全场 16 投仅 5 中，

拿到15分、3个篮板、9次助攻。东契奇拼尽全力，拿下28分、12个篮板，依然无法阻止一场大败的发生，独行侠以88比106不敌凯尔特人，目送对手捧起总冠军奖杯。

即使是最狂热的独行侠球迷，看完整个总决赛，也不得不承认两队的差距，凯尔特人的整体实力全面领先于独行侠，以至于他们有更好的容错空间，可以更加从容地在攻防两端进行团队配合，通过战术执行来压制对手，即使"东欧组合"双双爆发，也不一定能弥补这巨大的差距，所以总冠军归属于凯尔特人，早已没有悬念。唯一出现意外的是，总决赛MVP归场均20+5+5的杰伦·布朗所有。

在比赛还剩下2分多钟时，欧文就被提前换下，他不失风度地与对手依次拥抱表示祝贺，其中不乏塔图姆、布朗这些之前与他并肩作战的队友。在欧文与凯尔特人众将拥抱的时候，北岸花园的嘘声戛然而止，取而代之的是一片掌声与欢呼声。

这就是篮球，爱恨只留在赛场。2024年总决赛期间，欧文在场下曾对当年脚踩凯尔特人LOGO的冲动行为表示歉意，并表示尊重拥有恢宏历史的凯尔特人，如今更看到老东家捧起队史的第18冠，成为NBA夺冠次数最多的球队，心中难免五味杂陈。

欧文道歉只为兑现心中那份真诚与平静，对当年年少轻狂的纠错，对于总决赛的失利以及那个赛场上的对手凯尔特人，欧文依旧耿耿于怀，并期待下次相遇。

总决赛失利不久，欧文就在个人媒体上发声："无论顺境逆境，成功与失败，我们都要团结起来，保持高昂斗志。"这是一份作为领袖的宣言，掷地有声，振聋发聩。

欧文与独行侠众将的身影消失在北岸花园漫天飞舞的彩带之中，"达拉斯军团"以西部第5的顺位，在2024年季后赛一举杀入总决赛，已经是无比成功的壮举。但欧文的心中还是燃烧着一团火焰，他一定不会忘记科比那句"亚军就是最大的失败者"，那是2008年湖人在总决赛上输给凯尔特人之后，"黑曼巴"的倔强宣言。

时隔16年，依旧是总决赛、依旧输给凯尔特人、依旧在北岸花园，一切似乎就像命运轮回。如今的欧文，这位最具曼巴风骨的球员也面临着16年前科比的同样境遇，他能不能率队完成科比那样接下来第二年夺冠的壮举，这是一个有趣的问题。

这位拥有无双球技的NBA"状元"曾在巅峰时节绽放，也曾在跌宕岁月迷失。年过而立，历经千帆后的欧文终于成为一名睿智领袖，而属于他的传奇仍在继续。